HERMES

在古希腊神话中,赫耳墨斯是宙斯和迈亚的儿子,奥林波斯神们的信使,道路与边界之神,睡眠与梦想之神,亡灵的引导者,演说者、商人、小偷、旅者和牧人的保护神……

西方传统 经典与解释
Classici et Commentarii
HERMES
古典学丛编
刘小枫 ● 主编

论希罗多德
On Herodotus

［苏］卢里叶 Solomón Yakovlevich Luré ｜ 著

王以铸 ｜ 译

华夏出版社

古典教育基金·"传德"资助项目

"古典学丛编"出版说明

近百年来，我国学界先后引进了西方现代文教的几乎所有各类学科——之所以说"几乎"，因为我们迄今尚未引进西方现代文教中的古典学。原因似乎不难理解：我们需要引进的是自己没有的东西——我国文教传统源远流长、一以贯之，并无"古典学问"与"现代学问"之分，其历史延续性和完整性，西方文教传统实难比拟。然而，清末废除科举制施行新学之后，我国文教传统被迫面临"古典学问"与"现代学问"的切割，从而有了现代意义上的"古今之争"。既然西方的现代性已然成了我们自己的现代性，如何对待已然变成"古典"的传统文教经典同样成了我们的问题。在这一历史背景下，我们实有必要深入认识在西方现代文教制度中已有近三百年历史的古典学这一与哲学、文学、史学并立的一级学科。

认识西方的古典学为的是应对我们自己所面临的现代文教问题，即能否化解、如何化解西方现代文明的挑战。西方的古典学乃现代文教制度的产物，带有难以抹去的现代学问品质。如果我们要建设自己的古典学，就不可唯西方的古典学传统是从，而是应该建设有中国特色的古典学：恢复古传文教经典在百年前尚且一以贯之地具有的现实教化作用。深入了解西方古典学的来龙去脉及其内在问题，有助于懂得前车之鉴：古典学为何自娱于"钻故纸堆"，与现代问题了不相干。认识西方古典学的成败得失，有助于我们体会到，成为一个真正的学人的必经之途，仍然是研习古传经典，中国的古典学理应是我们已然后现代化了的文教制度的基础——学习古传经典将带给我们的是通透的生活感觉、审慎的政治观念、高贵的伦理态度，永远有当下意义。

本丛编旨在译介西方古典学的基本文献，凡学科建设、古典学史发微乃至具体的古典研究成果，一概统而编之。

古典文明研究工作坊
西方典籍编译部乙组
2011 年元月

目 录

出版说明 …………………………………………… 1

引 言 ……………………………………………… 1
希罗多德的生平 …………………………………… 4
希罗多德的世界观 ………………………………… 38
希罗多德的史料 …………………………………… 128
希罗多德著作的历史 ……………………………… 159
希罗多德的艺术手法 ……………………………… 170
史家希罗多德 ……………………………………… 181

参考文献 …………………………………………… 203

出版说明

2014年元旦节期间，我有幸随业师刘小枫教授及华夏出版社编辑等一同去北京广渠门一隅探望王以铸老先生。一进门我就怔住了：译著等身的老先生住的竟是毛坯房！屋里到处是书，码得很有条理，简简单单的家具，旧双人沙发一头有一盏特别亮的落地台灯……已九十高龄的老先生从里屋走出，一一跟我们打招呼。老人略显清瘦，双目放光，谈吐清晰，思维敏捷。老人的大女儿告知我们，老先生如今依然笔耕不辍，一如既往每晚工作到凌晨两三点，潜心于他一生挚爱的古典译介之业。

王老翻译的希罗多德《历史》广为读者熟知，但读者不知道，当初他还翻译了牛津版英译本的注释，篇幅不少，出版社嫌累赘，都删掉了。该译本在1959年初版时，附有王老译的卢里叶《论希罗多德》，1980年代初重印时，这篇附录也删掉了。刘小枫老师珍惜王老译作，因此希望重印；何况，卢里叶的《论希罗多德》迄今仍是译成中文的唯一的希罗多德专论。王老慨然惠允。

怀着一心崇敬，我在春节假期校勘完了半个多世纪前出版的这部《论希罗多德》。现将校勘情况说明如下：

一、原译文语句精审，校勘过程中，尽量保留原译文风貌。

二、关于书名。

1. 将《历史》改译为《原史》。希罗多德原书名 Ἱστορίαι 有"探索到的知识、科学的观察、对打听到的情况的叙述"等义,校勘时改译为《原史》,因"原"有"探究"之义,以期更贴近作者原意。将文中修昔底德《伯罗奔尼撒战争史》,改译为《伯罗奔半岛战争志》,诸如此类。

2. 文中所涉专著的书名,原译文没有用书名号标记,而是或用双引号或没有任何标识。在确定的书名上,以及据文意应是书名的地方,校勘时都加书名号。

三、关于文中的人名、地名等专有名词。

1. 大部分人名、地名等专有名词首次出现,校勘时在该专有名词后加注通行英文名,并且人名中译用楷体标示。如,萨拉米斯(Salamis)、希罗多德(Herodotus)等。

2. 原译文所译专有名词,紧贴希腊文发音,虽个别译法与现有通行译法不同,校勘时亦保留,与现有译法区别较大且大家较为熟悉的,校勘时注出现有译名。比如,波斯王 Xerxes,现多译"薛西斯",校勘时保留切音的"克谢尔克谢斯"译法,但在英文名后注出流行译法。例:克谢尔克谢斯(Xerxes,一译"薛西斯");欧波亚(Euboea,一译"优卑亚")。

3. 希腊人重名较多,如阿里斯托芬有谐剧诗人阿里斯托芬,又有亚历山大里亚的阿里斯托芬,由于拼法相同,校勘时只在第一次出现时加注英文名。

4. 英文名写法有时与希腊名写法区别较大的,比如 Τυρσηνούς,拉丁化对应写法为 Tyrsenous,英文名则为 Tyrrhenus,校勘时遵从原译紧贴希腊文的译法,只在选字上对原译名有所改动,故定为

"图勒赛诺斯",而非原译名"提勒赛诺司"。又如,原译名"铁米司托克列斯"校勘时改为"忒米斯托克勒斯"。

5. 本书译自俄文,一些古今人名、地名的英文名难以确定,对于这种情况,校勘时不加注英文名。

四、关于格式。

1. 原译文中强调的词或句下加有着重号,校勘时统一去掉着重号,改用楷体,相当于西文书中的斜体。

2. 译者在正文中添加的夹注,校勘时标明"译按";译者在正文下方添加的注释,校勘时标明"译注"。

3. 正文中出现的希腊语词,校勘时在该词后注出中文语义并施加方括号。原译文希腊语词有不同译法的,校勘时尽量统一,如 ὕβρις 原译文有"自高自大""高傲"等译法,统改为"肆心"。个别在某一章节反复出现的希腊语词及其变形,如 λόγος 及其主格复数形式 λόγοι,校勘时只在第一次出现时注中文语义。

4. 原译文正文用罗马数字注明的卷数,校勘时均改用汉字标注;原译文个别地方卷、节数标注有误,校勘时对照《原史》原文做了修改。

5. 原译文中的引文,达到三行或三行以上的,校勘时改为独立引文格式。

6. 原译文注释中涉及的文献,为全西文的,校勘时译出书名,原书名放于中文书名后的括号内;原译文中已将文献的作者和书名译成中文的,因查找不便,校勘时原样保留,不再补充原书名信息。

五、"年代记"与"编年史"。

原译文中既出现"年代记",又有"编年史"。"底比斯年代记"和"底比斯编年史"因确定为同一部作品,校勘时,将书名统一为"忒拜年代记"。其他地方的"年代记"或"编年史",校勘时保留原样,未轻易统一。

半个多世纪前,王老用业余时间翻译该书时,风华正茂;时光荏苒,世纪更替,先生始终不减译介热忱,令人感铭至深!值此校勘再版之际,衷心祝愿老先生健康长寿!校勘中不当之处,亦恳请读者不吝批评指正。

李向利

2014 年 2 月

引　言

公元前 5 世纪初的希波战争，是人类历史上最光辉的篇章之一，我们可以有把握地说，任何一个有教养的人对于这次战争都会有所了解。虽然并不是所有在少年时代读过关于阿里斯提德斯（Aristides）和忒米斯托克勒斯（Themistocles）的故事的人都记得这些活动家的传记，不过，每一个读者一定还多多少少记得希腊历史上这一动人心弦的时代著名的全幅图景。这幅图景大致是这样。

在东方专制君主的统率下，受皮鞭驱使的东方外方人大军，向贫小但爱好自由的希腊攻来。希腊的灭亡或受奴役看来无可避免。然而，奇迹发生了：由于万众一心和高度发达的文化，希腊人竟得以击溃数十倍于他们的波斯大军，阻止了强国波斯的势力进一步向西方扩展。当然，完成这一伟大功勋的前提，只能是希腊人内部不同集团之间亲密无间的团结，以及希腊领袖们对于希腊事业的无限忠诚。

希罗多德（Herodotus）几乎是希波战争同时代的人，在他的著作里，我们吃惊地看到许多和上述前提相矛盾之处。在希腊人与波斯人之间爆发战争的八年前，雅典的使节（当时统治雅典的是伟大的立法者克莱斯忒涅［Cleisthenes］，他属于雅典最显贵的阿尔克美奥尼戴［Alcmaeonidae］家族）在没有受到波斯方面任何逼迫的情况下，便把"土和水"送给了后者，这样便等于承认了波斯对雅典的主权。马拉松战役时，阿尔克美奥尼戴家族曾受到责难，被指责同情入侵阿提卡的波斯人。著名的忒米斯托克勒斯在萨拉米斯（Salamis）战役胜利后（这一胜利主要归功于他的天才），立刻开始执行旨在与波斯接近并和斯巴达决裂的政策。稍后，他逃到波斯人那里，直到死都效忠于波斯国王，担任玛格涅西亚（Magnesia）的统治者。

在普拉泰亚（Plataea）取得著名的决定性胜利的斯巴达将军泡萨尼阿斯（Pausanias），曾私通波斯，甚至在波斯国王治下短期统治过小亚细亚的科罗奈，最终以私自勾结波斯国王的罪名被处死。

后来最伟大的雅典人伯利克勒斯（Pericles），也和其上述先驱一样，力图和"与雅典血肉相连的"斯巴达决裂，并在公元前448至前447年间同波斯人缔结了所谓的"卡利阿斯和约"。根据这一和约，正如今天学术界公认的，波斯拥有了对小亚细亚的希腊诸城邦的主权。

希腊各城邦的领袖们这么快就忘记了希波战争的教训，不但不团结一致力图共同对付外方人，反而在希腊各城邦之间煽起争斗，并竞相企图与波斯接近，这种情况应如何解释呢？

生活在希波战争六百年后的史家普鲁塔克（Plutarch）认为，应当在这些人过分的虚荣心中寻求解释。在他看来，只要这些人能巩固自己的势力，纵使卖国亦在所不惜。我们暂且假定所有这些伟大的希腊人都是卖国贼，那么又如何解释下述情况呢？即根据希罗多德的记载，希腊的一些大城邦——比如，帖撒利亚（Thessaly）、波伊俄提阿（Boeotia）和阿尔戈斯（Argus）——在波斯人进攻时竟同情波斯人，一时站在波斯人一方作战，而在抗击波斯人的城邦中，人们的意见同样不一致：

> 那些拒绝献纳土和水的人们却十分害怕，因为希腊并无足够的、可以抗击侵略军的船只，而且他们当中大部分人都不想作战，而是急于想站到美狄亚人那方去。（希罗多德，《原史》，卷七，138）

然而，我们不能认为希腊本土人全部是"卖国贼"！而且，如果这个民族最杰出的领袖都是叛徒，又怎么能够打胜仗呢？

使我们更觉得奇怪的是，我们在普鲁塔克的著作里，可以看到希腊人紧密团结一致和共同憎恨强暴的外方人的图景。普鲁塔克离希波战争年代久远，就像我们今天（译按：本文发表于1947年）离塔美尔兰战争一样遥远。至于希罗多德——他在希波战争结束几十年后便进行著述，并且还可能和这场战争的许多参加者有过交谈——则和忒米斯托克勒斯、泡萨尼阿斯或伯利克勒斯一样，同样是一个"背叛希腊事业的人"。德国学者霍瓦尔德（Howald）认为，产生这一情况的理由是，希罗多德是"商人文化"（Kaufmannskultur）的代表，这种文化的唯一原则就是"唯利是图"。读者哪怕稍稍接触一下希罗多德这部艺术性极高而又具有深厚人道主义精神的著作，就未必会毫无异议地接受这种看法。

希罗多德把关于希波战争的最可靠的叙述留给我们，同时又把最早的一部历史著作留给我们，理解和介绍他的观点，是我这篇论文的主要目的。

希罗多德的生平

在希腊，人们对希腊大人物——特别是对希腊作家——生平的兴趣，较晚时期才产生，主要是在亚历山大里亚时期。在这个时期之前，没有人对那些伟大的史家们的生平感兴趣。① 当亚历山大里亚的海尔米波斯在其《生平》（βίοι）中决定给这些史家作传时，他不得不或是从后来的、非常不可靠的奇谈逸事中汲取材料，或是从这些作家本身——特别是希罗多德——的著作中汲取材料。客观地说，凡是他能够从希罗多德著作中汲取到的东西，他都汲取了出来。然而却收获寥寥。希罗多德遵循的是古典史学的原则，根据这一原则，作者只有在如下情况下才用自己的名义讲话，即他要证实其某一个报道，或是要对某一报道的可靠性发表意见。② 因此，古典的传记作家不得不只能使用拼凑材料和任意组织的办法。

但是，并非总是难于辨识哪一部分是传记作者自己的拼凑，哪一部分取自史料。我们没有任何根据责怪古典传记作家，说他

---

① 参见米申柯，《希罗多德》，卷一，引言，莫斯科，1888，页 XXX-VII。

② 参见 Jacoby，"希罗多德"条，见 Pauly-Wisswa, *Realenzyklpädie*, 2, Suppl. -Band, 第 216 栏。

们不诚实。如果他们报道的专名和事实无论如何也不能说是历史著作本身得出的,那么我们就有理由认为这些报道来自其他史料。要知道,这些传记作家手头拥有现在已经失传的公元前5至前4世纪史家的著作,以及今天已经荡然无存的铭文。

流传下来的两个古典希罗多德传记,就是亚历山大里亚人曾经掌握的全部材料的简短摘要。

这两个传记,一个保存在哈利卡尔那索斯的狄俄尼修斯(Dionysius of Halicarnassus)的著作里:①

> 哈利卡尔那索斯人希罗多德在波斯战争之前不久降生,一直活到伯罗奔半岛战争之时。他的著作内容广泛而出色。他并非旨在写某一个城邦或部落的历史;他想在一部著作里记述欧罗巴和亚细亚生活中各种各样的事件……

在《苏达辞书》(Souda)里(Ἡρόδοτος 词条),我们可以看到较多的一些材料:

> 希罗多德是吕克瑟斯(Lyxes)和德律欧(Dryo)的儿子,他出身名门,是哈利卡尔那索斯人,其兄弟名叫忒俄多罗斯(Theodorus)。由于从阿尔忒米西娅(Artemisia)起第三位哈利卡尔那索斯僭主吕戈达米斯(Lygdamis)的缘故,希

---

① Dinys, Halic.《论修昔底德的风格》(Περὶ τοῦ Θουκυδίδου χαρακτῆρος), 5, p.720。

罗多德移居萨摩斯（Samos）。阿尔忒米西娅的儿子是**皮森德里斯**（Pisindelis），皮森德里斯的儿子就是吕戈达米斯。在萨摩斯，他不但学会了伊奥尼亚（Ionia）方言，还写了一部九卷本的历史，这部历史从波斯国王居鲁士（Cyrus）和吕底亚国**王坎道勒斯**（Candaules）的统治时期开始。他从亡命中返回哈利卡尔那索斯，并亲自驱逐了僭主。但是在这之后，当他看到本邦人不喜欢他，他便自愿到图里俄伊（Thurii）去了，图里俄伊是雅典人建立的一个殖民地。他死在那里，并被埋葬在市场上。但是有一些人说他死在培拉（Pella）。① 他的著作都冠以文艺女神的名字。（参阅《苏达辞书》的 Ἑλλάνικος 词条：在欧里庇得斯［Euripides］和索福克勒斯［Sophocles］的时代，赫拉尼科斯［Hellanicus］偕同希罗多德来到了马其顿国王的宫中）。②

格里乌斯（Gellius）写道（《阿提卡之夜》，XV，28）：

> 史家赫拉尼科斯、希罗多德和修昔底德大约同时取得了巨大的声名。年龄上，他们也相仿，因为在伯罗奔半岛战争开始时，赫拉尼科斯好像是六十五岁，希罗多德是五十三岁，修昔底德是四十岁。帕姆披拉③在第十一卷里就是这样写的。

---

① 培拉在马其顿。
② 参见页28以下。
③ 尼禄（Nero）时期的女作家。

在《苏达辞书》的 Πανύασις 词条下；也有关于希罗多德的某些传记材料：

> 哈利卡尔那索斯人珀吕阿尔科斯（Polyarchus）的儿子帕努阿西斯（Panyassis）是占卜者和史诗作者。他使垂死的诗复活了。杜里斯（Duris）① 断定说，他是狄奥克勒斯（Diocles）的儿子，并且是萨摩斯人；他还断定说，希罗多德出生于图里俄伊。人们说，帕努阿西斯是史家希罗多德的叔伯兄弟。原来帕努阿西斯是珀吕阿尔科斯的儿子，希罗多德是吕克瑟斯的儿子，而珀吕阿尔科斯和吕克瑟斯又是兄弟。某些人说，帕努阿西斯的姊妹是希罗多德的母亲德律欧，而吕克瑟斯并不是珀吕阿尔科斯的兄弟。帕努阿西斯生于第七十八次奥林匹亚赛会时期（公元前 468 年）。根据另一些史家的说法，他的生年要早得多；他在希波战争时便已经在世。他是在哈利卡尔那索斯的第三个僭主吕戈达米斯当政的时候被杀死的，后者后来也失去了政权。在诗人的名单上，他仅次于荷马列第二位，可是另外有一些人却认为，他不如赫西俄德或安提玛库斯（Antimachus）。

在 Θούριοι［图里俄伊］条下，拜占庭的司蒂芳也报道了希罗多德坟墓上的铭文（希罗多德本人无论如何不可能自撰墓志铭）：

---

① 公元前 3 世纪的萨摩斯史家。他力图用一切办法来颂扬自己的故国，为了这个目的，他不惜在自己的著作中用了许多不可置信的史料。

> 这座坟墓里埋葬着吕克瑟斯的儿子希罗多德的骸骨。
> 他是用伊奥尼亚方言写作的史家中最优秀的,
> 他在多里斯的故乡长大,为了躲避流言蜚语,
> 他使图里俄伊变成了他的新故乡。①

由此可见,关于希罗多德的生平,我们知道得极少。这里引的传记资料,有很大一部分是亚历山大里亚学者们从希罗多德本人的著作中所作的推论;上引格里乌斯著作残篇中出现的希罗多德生年(公元前484年)同样不可信,因为它的来源非常清楚:古人在计算大人物的生年时,通常以这个人成年期($ἀκμή$)最突出的一个事件为参照,然后再向回计算四十年。大家知道,希罗多德是图里俄伊的建立者之一,而图里俄伊既然是在公元前443年建立的,因此希罗多德的生年就成了公元前484年了。②

甚至像这样一件仿佛毋庸置疑的事实——希罗多德出生在小亚细亚的多里斯城邦哈利卡尔那索斯——也不能认为确定无误;我们看了希罗多德自己的话都会对这一点发生怀疑。诚然,传到我们今天的希罗多德著作的一切手抄本,在开头的地方都是:

---

① 在卢吉阿诺斯(Loucianos,公元3世纪)的著作《希罗多德或埃提翁》('$Ηρόδοτος\ ή\ Άετίων$')中,也有关于希罗多德的传记材料。但该著作只是一种特殊形式的历史小说,包括希罗多德和他的崇拜者——年轻的修昔底德。在这部著作里,主要事实都采自希腊化时代的著作,并用捏造的细节加以补充。参见米申柯,前揭书,卷一,引言,页 XL – XLI;比较 Leutsch: Paroemiographi graeci, I App., cent. II, 35, s. v. $εἰς\ τὴν\ Ἡρόδοτος\ σκιάν$。

② Diels, *Rheinisches Museum*, XXXI, p. 48f.

Ἡροδότου Ἁλικαρνησσέος［"哈利卡尔那索斯人希罗多德"］；然而，在古典时代就不是这个样子：当时人们看到的是"图里俄伊人希罗多德"（见下第 25 页）。因此，在我看来，那些持有下列看法的学者们是正确的，即希罗多德自称图里俄伊人，只是稍后时期的研究者才把"图里俄伊人"改为"哈利卡尔那索斯人"。

不过，这样修改并不是没有根据。在上面刚刚引用的《苏达辞书》的证据中，就有许多无论如何也不可能从希罗多德的著作本身借用来的事实。而所有这一切事实，又完全与文献古物和历史证据相吻合：保存到今天的一个哈利卡尔那索斯铭文中①（从字体来看，它大概是公元前 5 世纪 60 年代的东西），有一项以哈利卡尔那索斯的城邦民大会和吕戈达米斯的名义公布的决定。公元前 454 年，在向雅典纳贡（φόρος）的城市名单当中，已经不提吕戈达米斯了，尽管其他卡里亚城邦还保持着僭主统治，而且提到了这些僭主的名字。显而易见，僭主吕戈达米斯实际上在希罗多德少年时代便已经被推翻。此外，还必须指出，希罗多德在记述萨拉米斯战役的时候，对当时哈利卡尔那索斯的僭主阿尔忒米西娅表示了特别的尊敬，她所占的篇幅比克谢尔克谢斯（Xerxes，一译"薛西斯"）的其他将领要多。这一点只有在下述情况下才可以理解，即哈利卡尔那索斯和他少年时的回忆分不开（详见第 87 页）。

希罗多德其实知道，阿尔忒米西娅在萨拉米斯战役时乘着怎

---

① Dittenberger, *Sylloge*, 3rd edition, p. 45; M. N. Tod, *Greek Historical Inscriptions*, No. 25 (p. 37).

样的船进攻;她知道这只船的长官是卡林达人达玛西提摩斯。他还认为可能在她到达赫勒斯滂(Hellespont)的时候,她和达玛西提摩斯的关系便已尖锐化,等等。

诚然,并非《苏达辞书》报道的一切事实,都为哈利卡尔那索斯铭文和希罗多德自己的话所证实。然而,对这些资料加以怀疑就等于假定,除去偶然保存到今天的铭文之外,在公元前3世纪中叶以前,没有任何其他古老的哈利卡尔那索斯铭文保存下来,这显然是荒谬的想法。① 罗马时期赏赐给父母是"建城者和弑僭者后裔"($\dot{\alpha}\pi\dot{o}$ $\tau\tilde{\omega}\nu$ $\kappa\tau\iota\sigma\tau\tilde{\omega}\nu$ $\kappa\alpha\iota$ $\tau\upsilon\rho\alpha\nu\nu\omicron\kappa\tau\acute{o}\nu\omega\nu$)的人的荣誉令,② 也可以用来间接证实《苏达辞书》的报道。看起来,这里所指的还是推翻同一个僭主吕戈达米斯的事情。正如启尔赫霍夫正确指出的,从上面提到的公元前5世纪前半叶的哈利卡尔那索斯铭文中,我们知道的财产大规模转入新人物之手的事情,也正可以证明这时在城邦当中发生的长期的政治骚乱。

最后,只有非常熟悉哈利卡尔那索斯的人,才会知道有关下面这一点的传说,即每当当地居民或他们的邻人遭到什么灾难,哈利卡尔那索斯地方雅典娜女神的女司祭便长出胡须来,而这样的事情在哈利卡尔那索斯的历史上已经发生过三回了。

《苏达辞书》关于希罗多德到达萨摩斯的报道,也完全为希罗多德自身的著作所证实。在它报道的那些关于伊奥尼亚起义最后一年的事件中,有大量涉及萨摩斯人的事实,整个故事有过分

---

① Jacoby,前揭书,第216栏。
② Le Bas-Waddington, *Voyage en Asie-Mineure*, p. 505;比较 Jacoby,前揭书,第218栏。

偏袒萨摩斯人的倾向，以致我们有理由认为，所有这些报道都取材于萨摩斯的史料。在希罗多德的著作中，很多内容与萨摩斯有关。关于萨摩斯人最引以为豪的珀吕克拉特斯（Polycrates），希罗多德谈得十分详细和生动。下面我们就会看到，希罗多德对萨摩斯的党派斗争知道得很清楚，而且在出身于珀吕克拉特斯族的亲波斯的僭主和民主派及其领袖迈安德里乌斯（Maeandrius）之间，他同情前者。这一点后面还要谈到。

萨摩斯城的名胜古迹也描写得非常详细。有一次事件甚至用当地的名祖①来纪年（卷三，59：πρότερον γὰρ Σάμιοι ἐπ' Ἀμφικράτεος βασιλεύοντος ἐν Σάμῳ [原来，当阿姆斐克拉特斯做萨摩斯国王时]）；从这一点可以看到，希罗多德确曾使用了当地的史料——编年史或铭文。还有一个情况可以证明希罗多德到过萨摩斯：在他描写埃及的时候，他总是拿它和萨摩斯相比较。为了使人有一个关于埃及迷宫大小的概念，希罗多德把它和萨摩斯地方宏伟的希腊神殿相比（卷二，148）；为了确定埃及一肘的大小，他说这一肘就等于萨摩斯的一肘（卷二，168）。希罗多德常常列举萨摩斯知名城邦民的名字。

凡此种种都表明，《苏达辞书》关于希罗多德曾到过萨摩斯的报道不应引起怀疑。但也不能完全相信它的报道，即希罗多德是在萨摩斯才学会了伊奥尼亚方言，并在那里最后完成了自己的历史著作：上面提到的吕戈达米斯时期的哈利卡尔那索斯铭文，

---

① [译注] 用某个人的名字来为某个年份命名，这个人就被称为"名祖"。参页68。

便不是用多里斯方言,而是用伊奥尼亚方言写成的。显而易见,伊奥尼亚方言在小亚细亚是上层社会的语言,是科学与文学的语言,因此《苏达辞书》(说得更正确些,应是它的原始史料)关于(希罗多德的)历史著作写作地点的结论毫无根据:希罗多德不可能用其他任何语言来写作。

不清楚为什么在《苏达辞书》的传记里既没有提到希罗多德的旅行,也没有提到他到过雅典的事情。然而从希罗多德本人的著作以及后来的某些证据来看,都可以毫无疑义地把这些事实确定下来。顺便我们还要指出,即使人们多次指责希罗多德轻信,说他未经认真检查便把听到的东西传达过来,也没有任何根据怀疑他故意不诚实和吹嘘夸张。因此,不应当认为,希罗多德只是依据在自己之前的某一个人(例如米利都的赫卡泰厄斯[Hekataios])的话记述埃及。在第三卷第12节里,希罗多德报道说,他在佩鲁希昂(Pelusium)的战场上亲自看到(εἶδον)了埃及人和波斯人的头骨,并且确定埃及人的头骨比波斯人的保存得好得多。希罗多德说:"在帕普雷米斯(Papremis)地方,我又看到一些波斯人的头骨,他们和大流士(Darius)的儿子阿凯阿美涅斯(Achaeamenes)一道被利比亚人伊纳鲁斯(Inarus)杀死。他们的头骨也是这样。"如果说,在公元前462年之后希罗多德也到过佩鲁希昂和帕普雷米斯的话,那就没有任何理由怀疑,有关埃及的全部其他记述不是以他的亲自观察为依据。

希罗多德的著作使我们毫不怀疑,作者曾在德尔斐(Delphi)长住,在那里有朋友和敌人。他对于德尔斐的预言集很有研究,还和当地的祭司们进行过长期交谈,并且在思想上完全受他们的影响。实际上,他是用他自己的著作给德尔斐的祭司们服务。他的《原史》的第一卷有两节特别证明他对德尔斐十分熟悉:

>……克洛伊索斯(Croesus)便把它们送到德尔斐去,与这些东西同时送去的,还有下列礼品——金的和银的大混酒钵各一个。先前在人们进入神殿时,可以看到金钵放在入口的右边,银钵在左边。这两个钵在失火之后移开了;重有八个半塔兰特又十二姆那的金钵,现在藏在克拉佐美纳伊人(Clazomenian)的宝库里;银钵则放置在神殿前庭的一个角落里,它的容量有六百阿姆波列欧斯。我们知道这件事是因为,在忒俄普法尼亚祭(Theophania)的日子里,德尔斐人就是用这个钵来混酒。德尔斐人说这是萨摩斯人忒俄多鲁斯制造的,我认为他们的话是对的,因为我看这个混酒钵确是出自非凡的匠师之手。此外,克洛伊索斯还送了四只银制酒瓮——它们现在在科林多人的宝库内,还有金的和银的净水瓶各一只,金的净水瓶上面刻着"拉刻岱蒙人(Lacedaemonians)奉献"的字样,他们硬说这是他们奉献的礼物。然而,他们的这种说法不对,真正的奉献者是克洛伊索斯。这上面的铭文是一个想取悦于拉刻岱蒙人的德尔斐人刻上去的。我知道这个人是谁,但我还是不必讲他的名字了……(卷一,51)

>……当德尔斐神殿被烧掉之时,这个金狮子就从金条上掉了下来,因为它放在金条上面,现在它被火烧掉了三个半

塔兰特,剩下的只有六个半塔兰特了。现在,它放置在科林多人的宝库里。(卷一,50)①

只有对德尔斐十分熟悉的人才能知道这样的事情。我们深信他知道当地的一些秘史,甚至知道某个德尔斐人为了迎合拉刻岱蒙人,竟在克洛伊索斯奉献的净水瓶上刻上了伪造的铭文。他知道这个人的名字,但是他不愿说出来。这显然是他不愿搞坏他和这个人或其后人的关系。在另外一个地方,他直截了当地举出德尔斐的一个极有势力的人物的名字——阿里斯托梵图斯(Aristophantus)的儿子科邦(Cobon);为了讨好斯巴达国王克勒欧默涅斯(Cleomenes),科邦唆使〔女祭司〕佩莉娅拉(Perialla)说出这个国王想要的预言(卷六,66)。希罗多德十分精确地知道神殿的布置和其中的一些奉献物,他知道与这些奉献物有关的假历史故事,知道德尔斐的宗教仪式。更为重要的是,在他报道的东方与希腊的历史事件当中,有许多细心的窜改,其中部分是依照德尔斐精神伪造的。②

下面我们还将详细说明希罗多德怎样实现自己的任务;这任务就是,用一切办法颂扬德尔斐的神托所并为之辩护,特别是要人们不怀疑它在希波战争时期同情波斯人。

再次强调,这一切使我们不能不做出这样的假定:希罗多德曾长期在德尔斐居住,而且由于亲德尔斐的倾向在其著作中表现

---

① 〔译注〕原引文和修德本次序不同,今按修德本注明节数,引文次序依旧。

② Jacoby,前揭书,第272、274、340栏。

得甚至比亲雅典的倾向还要浓厚和强烈,我们可以认为,希罗多德是先到的德尔斐,然后才去了雅典。

不言而喻,在希腊的其他地方当中,希罗多德曾到过小亚细亚的各个城邦和它们附近的岛屿。这一点从以下情况也可以看出来,那就是:为了说明埃及、腓尼基(Phoenicia)和西徐亚(Scythia)的名胜古迹,他把它们拿来和勒斯博斯(Lesbos)(卷四,61)、赫勒斯滂(卷四,81)和萨尔迪斯(卷三,5)的类似的名胜古迹相比较。

对于巴比伦,他对其城墙和城郊极为详细的记述,使我们有权肯定,希罗多德本人曾到过巴比伦,而且他是由水路从幼发拉底河到那里去的。例如,他报道说,在同一座村庄附近,由于河流的弯曲不得不渡过三次(卷一,179、181、185、194)。希罗多德也到过腓尼基的推罗(Tyre),关于这一点,他直截了当地讲过(卷二,44):"我到腓尼基的推罗那里做了一次海上旅行(ἔπλευσα καὶ ἐς Τύρον τῆς Φοινίκης)"。

现代的研究者们①根据希罗多德的作品,详细研究了希罗多德走过的道路,从而得出了关于他在地中海东部旅行的如下结论。

希罗多德访问过古代世界的很多地方。我们无法判断他在人生的什么时候开始的旅行,为什么旅行:由于好奇心,还是主要

---

① 参见 Ed. Meyer, *Forschungen*, 卷一, 页 199 以下; Sourdilles, *La durée et l'étendue du voyage d'Hérodote en Egypte*, Paris, 1910; Jacoby, 前揭书, 第 276 栏; Bury,《希腊史家》(*The Greek Historians*), 1909, 页 37; F. Oertel, *Die Glaubwürdigkeit Herodots*, Ⅵ Congr. Internat, de Sciences Hist. en Oslo, 1928, 页 92。

为了做买卖。这些旅行总计起来大概需要 8 到 10 年时间，旅行的时期最可能是在公元前 455 至前 447 年（雅科比［Jacoby］的说法）。① 希罗多德不是一个研究地理的人，他也没有发现新的国土；此外，除了希腊语，他不懂其他任何语言，若没有翻译他将毫无办法。因此，除去很少的例外，他都是在希腊人居住的地方或是波斯人统治的地方旅行。比如，除了希腊的殖民地，他访问过埃及，沿着尼罗河一直到俄勒梵提涅（Elephantine）；他访问过西亚细亚，直到巴比伦。这都是希腊人十分熟悉的地方，有希腊人的商馆；希腊的商人和雇佣兵经常到商馆来。

希罗多德访问过的所有其他地方都是希腊人的居住地。例如，他访问了小亚细亚、腓尼基、叙利亚、赫勒斯滂、黑海西岸、欧尔比亚（几乎所有关于西徐亚的材料，他都是在这里搜集的，如果说他进入过西徐亚的内地，那也只是在离海岸不远的地方）；其余的地方，他则是凭传闻（ἀκοῇ）知道。在所有这

---

① 从希罗多德著作中的许多地方毫无疑问可以看到，在他到达埃及时，整个埃及（从三角洲直到俄勒梵提涅）都在波斯人的统治之下（卷二，30、98、149；卷三，91）。因此，公元前 463 至前 455 年的埃及起义时期就不计算在内了。在公元前 463 年之前，希罗多德不可能在埃及，因为那时他在帕普雷米斯的战场上（卷三，12；战争发生于公元前 462 至前 459 年）。但也不应当因此便认为，希罗多德是在公元前 447 年以后才在波斯人所属的土地上旅行。

雅典和波斯之间正式的交战状态，毫无疑问从来不曾妨碍双方的来往，也不曾妨碍波斯人善意地接待个别希腊人。可能这些希腊人从萨尔迪斯的太守那里取得了证明书。何况这又只涉及波斯人长时期以来列入自己国家版图之内的那些城邦的居民。（Jacoby，前揭书，第 266 栏）

些到过的地方，希罗多德细心巡视了那里的名胜古迹，研究了各地的风尚，通过翻译向希腊居民以及土著居民（祭司、向导等等）打听情况；因此，他所搜集的材料常常完全限于民间传说且是对历史事实的歪曲就不足为奇。对于苏联人来说，特别使我们感兴趣的是，书中相当详细地记述了西徐亚人的领土和风俗，以及居住在今日我们苏联领土之上的、位于西徐亚人东面和北面其他部落的领土与风俗。尽管这些报道根据的是别人的叙述，并且是第三手材料，但是它们仍然包含了许多可靠的事实，这些事实都得到了考古发掘物和后来风俗习惯的各种残余的证实。

即使我们没有任何关于希罗多德的传记材料，从他的著作中也可以断定出从［公元前5世纪］40年代中叶起他和雅典的密切关系。在他的著作中，雅典的历史占有中心位置：下面我们将要谈到的许许多多的事实，都是专门从雅典的观点来阐述。由于我们会非常自然地假定，希罗多德和图里俄伊的其他建立者到图里俄伊的时间是公元前443年，因此他到雅典的时间则应该在公元前447年左右，也就是在缔结"卡利阿斯和约"之后。参加建立图里俄伊一事，使我们可以假定希罗多德和普罗塔戈拉（Protagoras）有过接触。而且即便索福克勒斯关于希罗多德的颂诗①实际赞颂的是另外一个人，而不是我们的史家，但他对希罗多德的引用（见后第18页）至少可以证明这两位作家

---

① 索福克勒斯为纪念希罗多德所写的双行诗，今天保存在普鲁塔克的著作里（An seni gerenda est respublica, 3, 785 B）；它曾和未传下来的其他颂诗在一起。

的亲密关系。

最后,《原史》第六卷第131节说明,希罗多德毫无疑问想把伯利克勒斯推崇为天生的、诸神恩赐的雅典领袖。在雅典,有这样一句古老的、家喻户晓的预言：

> ἔστι γυνή, τέξει δὲ λέοντ' ἱεραῖς ἐν 'Ἀθήναις.
> ［有一个女人,她在神圣的雅典生了头狮子］

正像我在另一个地方要指出的,这个预言要依次用到庇西斯特拉托斯（Peisistratos）、喀蒙（Cimon）和阿尔喀比亚德（Alcibiades）身上。而这里便是用这一预言的精神说：

> 她（译按：阿伽莉丝忒［Agariste］）和阿里弗隆（Ariphron）的儿子克桑提珀斯（Xanthippus）结婚,怀孕期间做梦,以为自己生了一头狮子。几天之后,她就给克桑提珀斯生了一个儿子伯利克勒斯。

我们还看到,希罗多德对于阿尔克美奥尼戴家族的传说何等熟悉。

伯利克勒斯、普罗塔戈拉、索福克勒斯——这就是在公元前5世纪中叶领导雅典文化生活的那个著名的伯利克勒斯小集团（或是阿斯帕西娅［Aspasia］① 小集团）。毋庸置疑,希罗多德也

---

① ［译注］阿斯帕西娅是米利都人,阿克西奥库斯（Axiochus）之女,希腊名妓；她到雅典之后即得到伯利克勒斯的宠幸；伯利克勒斯和前妻离婚后与她同居。

是这个小集团里的人物。

在希罗多德的一生当中,雅典所起的作用比任何其他城邦都要大(译按:可能只有德尔斐例外);雅典和阿提卡,城市和乡村,他都相当了解,更不用说从这里援用的材料、观点、政治思想和使他和雅典接近的人事关系。他不仅多次在形式上引用雅典人的话("雅典人说"),还提到他和该城邦许多城邦民的谈话。我们看到,他从伯利克勒斯,从喀蒙的后人那里得到许多材料(卷六,34;102以下)……在雅典历史方面的广泛涉猎表明,他也从雅典的经典注释家(exegete)那里得到过材料。从卷六(92,3)和卷九(73–75)可以清楚看到,他也从某个德克勒阿人(Decelean)那里取得材料……他知道城市和若干家族(卫城:卷五,77;市场:卷五,89,3;阿罗佩卡伊:卷五,63,4)。他提供了许多精确的地形学上的说明,例如,他说斯巴达人安基莫里乌斯(Anchimolius)的坟墓"在居诺萨尔戈斯(Cynosarges)的赫拉克勒斯神殿(Heracleum)附近"(卷五,63,2);他知道马拉松战役发生的地点,知道马拉松的赫拉克勒斯神殿(卷六,116,1);他沿着阿提卡海岸乘船从托利科斯(Thoricus)到阿那普律斯托斯(Anaphlystus)市区,他知道苏尼翁(Sunium,卷四,99)等等。他熟知某些氏族的历史(卷五,57、61、2,66,1),知道有关祭仪的传说(卷三,105;卷八,41,2. 55);知道古老的法律(例如,卷六,109,2)。

所有这一切(且不论其著作的那些内部方针)都表明他在

雅典住过很长时期，而且对于这个从此在他的著作中占据中心地位的城邦，他了如指掌。(Jacoby，前揭书，第 270 栏)

因此，不清楚为什么希罗多德到雅典的事情在他的传记中没有留下任何痕迹：正如我们已经看到的，根据《苏达辞书》（说得更正确些，应是它的史料），希罗多德直接从哈利卡尔那索斯迁居到了图里俄伊。

然而，希罗多德居留雅典时期的一则轶事却偶然地保存了下来——可能是由于本身的恶意。普鲁塔克的著作《论希罗多德的阴险》报道说，据迪尔所说，希罗多德曾从雅典人那里得到十塔兰特的赠礼。还说，关于这件事的建议由阿尼托斯提交给雅典城邦民大会。迪尔是一位严肃认真的史家，他曾写过一部详细的希腊与西西里史（共二十七卷），这部书是他在公元前 4 世纪后半叶写的。毫无疑问，他利用了当时的雅典法令。但是法令不可能说，希罗多德是由于自己那部迎合了雅典人自尊心的著作才得到了奖赐：希罗多德不怀好意的对手普鲁塔克，如果他实际上知道希罗多德"由于谄媚雅典人而从他们那里得到很多金钱"的话，他是不会忘记指出这一点的。可是，在同一节的另一个地方，他却把这件事说成是"败坏希罗多德的一个传闻"。而且十塔兰特（合三万金卢布！）作为一部文学作品的报酬，完全不可置信：品达（Pindar）给雅典写了一首颂歌，才得了一千德拉克玛（六分之一塔兰特），就是说只相当于前者的六十分之一！因此，比较可信的说法是：希罗多德得到的十塔兰特，是对他与波斯进行外交谈判时①或是建立图里俄伊殖民地时②花费的补偿。不管怎样，这一证明足以肯定希罗多德曾长期住在雅典，并在那里享有巨大的声名。

如果这一数目不可能是文学活动的报偿，也绝不能得出结论说，希罗多德没有公开向听众诵读过其作品的个别章节。希罗多德由于文学活动得到奖赏或荣誉状，大概也是历史事实。人们早已经指出修昔底德曾和希罗多德进行过论战；因为前者说（《伯罗奔半岛战争志》卷一，22。译按：以下简称《战争志》），他"认为把刚一听到的事物就传述出来是不对的"，但是后者（卷七，152）却认为自己的义务就是"把……听到的一切记录下来，虽然我并没有任何义务相信每一件事情"。而修昔底德继又写道："与奇谈逸事完全不同，我的叙述听来并不是那么引人入胜。"修昔底德在这里毫无疑问直接攻击了希罗多德那些"听起来引人入胜的"当众朗读，因为在他的这些朗读中"充满了奇谈逸事"。

在阿尔明尼亚的译本中标明为公元前445年的优谢比优斯的报道，和这一点也符合（姑且无论它的史料如何）："由于希罗多德向雅典人朗诵了自己的著作，他曾受到雅典城邦民大会的尊敬（ἐτιμήθη παρὰ τῆς Ἀθηναίων βουλῆς）。"

因希罗多德在雅典朗诵自己著作③产生的影响很大，索福克勒

---

① Ed. Meyer., *Forschungen*, I, p. 200.
② Jacoby，前揭书，第229栏。
③ 米申柯（前揭书，页L）认为，仿佛在公元前5世纪，ἀκούειν便不仅有"听"，而且有"朗诵（作品）"的意义。这一说法没有任何根据。

斯、欧里庇得斯和阿里斯托芬（Aristophanes）的剧作中都保存了这一影响的痕迹。在希罗多德的著作中（卷三，119），当大流士问音塔斐尔涅斯（Intaphrenes）的妻子，在丈夫、孩子或兄弟当中她愿意保留谁的生命时，她回答说："如果国王只允许留一个人的性命的话，那我就保留我的兄弟的性命。"她这样解释这么做的理由：

> 国王啊，如果上天垂怜的话，我可以有另一个丈夫，而如果我失掉子女的话，我可以有另一些子女。但是我的父母都死去了，因而我决不能够再有一个兄弟。

这一古老的民间传说的主题（多半是从母权制关系中产生出来的，因为在母权制的关系之下，兄弟对妇女的意义和父权制社会中的父亲一样），从艺术上来说，在这里十分恰当（这仿佛是一个插曲，用来说明大流士那种结合了残酷的公正）。索福克勒斯在叙述安提戈涅（Antigone）怎样违反克瑞翁（Creon）的禁令埋葬自己的兄弟时，几乎一字不漏地重复了这些话。它们和该剧的内容完全无关（安提戈涅既无丈夫又无儿子），并且削弱了安提戈涅在全剧中行动的艺术上的论证。① 她说（行904及以下）：

> 丈夫死了，我可以再找一个，

---

① 参见 Schneidewinn 对《安提戈涅》行905的注释，页115；希罗多德关于忒腊克（Thrace）人在婴儿诞生时哭泣却在葬仪上欢庆的意见，被欧里庇得斯用在《克勒斯彭特斯》（Clesphontes）里，该剧在公元前425至前421年间上演。

> 儿子没有了，我再嫁之后
> 就能够得到补偿。
> 但我的父母一旦去世；
> 我就再也不会有一个兄弟了。

从古典的观点来看，插入这样一段引文乃是为了对它的原作者表示尊敬。为了对希罗多德表示尊敬，索福克勒斯不惜破坏自己剧作的艺术性。

还有一个类似的例子。① 《原史》卷二 35 写道："他们（译按：指埃及人）上市场做买卖的都是妇女，男子则坐在家里纺织。"对此，索福克勒斯也加以引用（《俄狄浦斯在科洛诺斯》[Oedipus of Colonus] 行 337 及以下）：

---

① 在希罗多德的著作（《原史》卷七，162）以及伯利克勒斯的葬礼演说（亚里士多德《修辞学》卷一，7，1365a31；卷三，10，1410b36）里，都可以看到同样的比喻：在希罗多德作品中，葛隆（Gelon，译按：叙拉古僭主）把希腊军队中没有叙拉古人比作"一年之中去掉了春天"（ἐκ τοῦ ἐνιαυτοῦ τό ἔαρ ἐξαραίρηται）；伯利克勒斯在谈到青年人死在战场上时，也用了同样的比喻（τό ἔαρ ἐκ τοῦ ἐνιαυτοῦ ἐξαραίρηται）。第二个比喻比第一个要自然得多，因而人们以为希罗多德是出于对伯利克勒斯的尊敬才在这里引用了他的说法。可能施泰因是对的，伯利克勒斯和希罗多德都引自更古老的作家或谚语。Kirchhoff, Über die Entstehungszeit des herodotischen Werkes, 19；米申柯，前揭书，卷一，页 XXVII，注释 1。参见 Jacoby，前揭书，第 234 栏。从 A. Jacoby（Sophocl. Quaest. 1821）和歌德（1827 年 3 月 21 日 Gëspräche mit Eckermann）开始，许多语言学家（F. M. Schneidewinn、A. Nanck 等人；专门著作可举出 140 种之多！）总是力图证明此处系伪造。米申柯也持有同样的观点（前揭书，卷一，页 LXXVIII）。这是不可能的，因为亚里士多德早就

> 大概他们学习了
> 埃及人的风俗习惯和生活方式。
> 在那里男子坐在家里
> 纺织,妇女却总是到外面去
> 谋求一家的生计。

最后,在阿里斯托芬的《阿卡奈人》(Acharnians,公元前425年上演)里,也两次谈到和希罗多德著作中的记述非常相似的波斯风俗(行85及以下,对勘希罗多德,《原史》卷一,133;行82及以下,对勘希罗多德,《原史》卷一,92),并且引用了矫揉造作的谩骂(行862及以下),这和希罗多德也曾记述过的西徐亚的习惯很相似(卷四,2)。然而,完全可以相信的只有这几处中的第一处,即波斯人把牡牛整个放到炉灶里烧烤。

同样在《阿卡奈人》里,另一处对希罗多德原文的改用却有趣味和有教益得多。希罗多德这样解释希腊人和波斯人之间(即欧罗巴和亚细亚之间)的战争:

> (腓尼基人)……来到阿尔戈斯这里……妇女们站在船

引用过(《修辞学》卷三,6,1417a28);而这根本不需要证明。泽林斯基的做法也很有意思,他把这个地方从正文中删掉,却在注释中指出这一点无疑是真的,因为"索福克勒斯想用哪怕是牵强附会的办法来关怀自己的朋友"。一言以蔽之,泽林斯基不怀疑这些诗句是真的,但只有经过自己在美学上的检查之后,他才敢于把这些诗句交到读者手里去:amicus Sophocles, sed magis, amica poesis, 泽林斯基是要保卫它的利益不受索福克勒斯的侵犯。

尾挑选她们最称心的物品……腓尼基人却相互怂恿着向她们扑去……伊娥（Io）和其他一些妇女都被腓尼基人捉住……带到了埃及。……根据波斯人的说法，伊娥就是这样来到了埃及……然而……腓尼基人的说法和波斯人的不同。他们否认在带她到埃及去的时候曾使用任何强暴手段；他们说，伊娥本人在阿尔戈斯便和停泊在那里的一只船的主人有了来往，而在她发现自己已经怀孕时，由于羞于把这事告诉父母并害怕被他们发觉，便在腓尼基人离开的时候心甘情愿随着他们一同乘船走了……

……从这一件事开始，也就惹下了祸端。后来，又有某些希腊人在腓尼基的推罗登陆，并把国王的女儿欧罗巴（Europa）劫去。……这样一来，他们就报复了先前所受的损害。可是后来，他们说，希腊人再次犯下不义之行。原来，他们……到科尔基斯（Colchis）……劫走了当地国王的女儿美狄亚（Medea）……

……后来，到了下一代，普里阿摩斯（Priam）的儿子阿列克山德洛斯（Alexandrus）知道这件事之后，就想从希腊给自己强夺一个妻子……因此他便劫走了海伦（Helen）……但是到后来，波斯人认为希腊人应受到的指责可就大了，因为在他们劫掠欧罗巴之先，希腊人就率领着一支军队入寇亚细亚了。他们说，劫夺妇女是坏人干的勾当，可是事情很明显，如果不是她们自己愿意，她们决不会硬给劫走，……可是希腊人却仅仅为了拉刻岱蒙的一个妇女而纠合了一支大军，侵入亚细亚并打垮了普里阿摩斯的政权。（《原史》，卷一，1-4）

阿里斯托芬在《阿卡奈人》中对伯罗奔半岛战争原因的解释（行523及以下），毫无疑问改编自希罗多德著作中的这个地方：

> 一些喝醉了的年轻人到麦加拉
> 拐跑了妓女西美塔。
> 麦加拉人为这件事恼火了
> 又抢了阿斯帕西娅的两个妓女。
> 这就是希腊人之间不和的根源：
> 只为了三个妓女！伟大的英雄人物
> 伯利克勒斯就发火了，震怒了……①

所有这些文献上的吻合如何说明希罗多德在雅典的年代问题呢？前面第19页注释1里提到的与伯利克勒斯那句吻合的话（甚至如果我们承认，那句话是从希罗多德的作品中引用的）不能利用，因为我们不知道那句话是在哪一年说的。与《俄狄浦斯在科洛诺斯》的吻合也不能说明什么：在公元前406年，即该肃剧问世的时候，希罗多德已不在人世。至于《阿卡奈人》和《克勒斯彭特斯》表明人们再度对希罗多德感兴趣，可能或是由于他重新

---

① 把特洛亚战争和伯罗奔半岛战争作对比，在当时的雅典非常流行。1904年，刻尔特公布了在纸草上发现的克拉提诺斯谐剧《狄奥尼斯－亚历山大》的残篇（*Hermes*, 39，页481-498）。阿里斯托芬在这里以诙谐的调子记述了帕里斯诱拐海伦的事情。可是古典的注释家却解释说："把雅典人引入战争的伯利克勒斯，在这个剧本中受到了非常俏皮的、譬喻风格的嘲笑（κωμῳδεῖται Περικλῆς μάλα πιθανῶς δί ἐμφάσεως ὡς ἐπαγειοχὼς τοῖς Ἀθηναίοις τὸν πόλεμον）。"

来到雅典，或是由于他的离世。和《安提戈涅》中某些话的吻合最令人感兴趣。根据传说，索福克勒斯由于上演《安提戈涅》，人们为了感谢他，选他做公元前440年度的将军。不管我们如何怀疑这个说法，可以肯定的是，《安提戈涅》在公元前440年之前不久上演；这一点完全符合泽林斯基的假定，即关于肃剧论述的"成文"与"不成文"法的争论，在普罗塔戈拉为图里俄伊"合理地"立法以后，必然会尖锐起来。这样确定的年代，也符合希罗多德著作中与之相应的政治方针。

作者常常把古典世界各个角落地理方面的情况，拿来和雅典的地理情况相比，这一点也有助于证明希罗多德曾在雅典长期居留："从海岸到赫里欧波利斯（Heliopolis）的路程，相当于从雅典的十二神祭坛到比萨（Pisa）的奥林匹亚-宙斯神殿的路程。"（卷二，7）第四卷第99节更为有趣，在这一节，作者详细比较了陶利卡（Tauric）半岛和阿提卡：

> 西徐亚的四个界线当中，有两个界线是南方的海和东方的海，就像阿提卡也是以大海为疆界一样；陶利卡人在西徐亚居住的地方也和阿提卡相似，这就仿佛不是雅典人，而是其他民族居住在从托利科斯区到阿那普律斯托斯市区的苏尼翁山地，如果这个地方比它现在更远地突入大海的话。……陶利卡人所住的地方就是这样。

只有在作者非常熟悉阿提卡的情况下，才可以这样比较。

这就是说，可以认为下列情况确定无疑，即希罗多德曾长时期住在雅典，熟悉当地的学术生活和政治斗争，并得以和以伯利克勒斯与阿斯帕西娅为首的雅典领导集团相接近。雅科比指出（前揭书，第241栏）："伯利克勒斯独具远见，懂得如何把这个经常在各地游历的哈利卡尔那索斯人吸引到自己一方面来。"可以认为，从这个时候开始，希罗多德停止了长期的漫游。我们没有任何资料肯定他也曾游历过地中海西部。他对地理和人种志的兴趣，被对希腊母邦政治生活的兴趣代替了。他成了伯利克勒斯及其全部政策的热烈崇拜者，特别是成了雅典著名的阿尔克美奥尼戴家族的辩护者，而伯利克勒斯正是这一家族的代表人物。关于这一点，下面我们还要详加叙述。

希罗多德之所以研究希波战争，仿佛是他早期活动阶段对地理学和人种志方面的爱好与较后时期对政治的兴趣之间的一个中介环节。希罗多德在旅行期间所写的历史与神话中对古典东方的多彩描述和引人入胜的故事，本来就不难用来作为希波战争的背景；从另一方面来说，这些战争本身也使人有充分理由说明雅典对希腊的全部伟大功绩，以及雅典民主制对它的希腊对手们的优越性。

但是，尽管希罗多德的整部《原史》彻头彻尾浸透了雅典的情绪，不过却没有任何根据表明它是在雅典完成。下面我们要介绍某些学者的正确看法，他们认为希罗多德的这部著作最后在图里俄伊发表。

老实说，本不应当认为希罗多德在雅典度过了自己的晚年。《苏达辞书》使用的希罗多德传记，使他从哈利卡尔那索斯一直移居到图里俄伊。我们已经看到，在来到图里俄伊之前，希罗多德在雅典住了很长一个时期。因此，我们不能不得出这样的结论：

他是从雅典到的图里俄伊。

这次迁移发生在什么时候？我们已经看到，希罗多德在雅典的活动基本上是在［公元前5世纪］40年代初，而他在埃及的居留则可以使我们假定，他是在埃及起义已经结束的时候才到那里。这是公元前456年至前455年间发生的事情。这就是说，他在这个时期以后才到了雅典。这样，公元前443年便是希罗多德从雅典移居图里俄伊的最适合的年份。

图里俄伊是在叙巴里斯（Sybaris）建立起来的：叙巴里斯的居民因受邻人排挤，请求雅典人帮助，伯利克勒斯趁机在这里建立了雅典殖民地，以便加强雅典在意大利的影响。领导这一殖民地的是阿伯德拉（Abdera）的普罗塔戈拉和米利都的希波达谟斯，他们同样来自伊奥尼亚的殖民地。伯利克勒斯集团的所有这些人，完全适合领导雅典势力在西方的前哨地点。如果说希罗多德也是他们当中的一员，也是非常自然的事情。他自豪地自称图里俄伊人，并在这里广受人们崇敬，这种情况使我们不能不认为，他是这个殖民地的建立者之一。

到目前为止，有一件事情谁也不能解释，即为什么图里俄伊人希罗多德一次也没有提过自己的新故乡，尽管在他的著作当中，许多地方表明他对该城邦的许多地区十分熟悉。例如，在提到阿凯亚（Achaea）的克拉提斯河（Krathis）的时候，希罗多德便认为必须顺便提及，流经图里俄伊的意大利的克拉提斯河就是因这条河而得名（卷一，145）。关于克罗同（Kroton，与图里俄伊相邻的一个城邦）城邦民德默克德斯（Democedes）的详细报道（卷三，131－138），在书中长篇大论地插入离题的西西里历史

(卷七，153 – 163)，这些部分多半也是根据在图里俄伊得到的材料写成。更加有趣的是，希罗多德住在图里俄伊时，仍然是雅典政策——特别是雅典的意大利政策——的拥护者。问题是，在殖民地建立以后不久，雅典的政权曾短时期转到亲拉科尼亚（Laconia）分子、阿罗佩卡伊人修昔底德的手里。结果，所有的希腊城邦都有人被吸引到该殖民地去，其中许多人是从伯罗奔半岛去的。于是，在图里俄伊就形成了两个党派，其中雅典派赞成进一步扩大在意大利的势力，但拉科尼亚派却主张和多里斯的克罗同缔结联盟。图里俄伊和克罗同争夺克拉提斯河和昔利斯河（Siris）沿岸的土地，希罗多德便择机证明叙巴里斯人（图里俄伊人的伊奥尼亚前驱者）和雅典人对于这一地区的权利。在《原史》第六卷第 127 节，他用在克拉提斯河岸上有神殿和圣域的事实（这些东西在他那时毫无疑问早已经没有了）为这些权利辩护。在第八卷第 62 节，忒米斯托克勒斯说："……我们便……到意大利的从古以来便属于我们的昔利斯去，而且神谕也说，我们必须在那里建立一个殖民地。"如果我们注意到下列情况的话，这一暗示的政治意义就十分明显了，即正当希罗多德居住在图里俄伊的时候，图里俄伊和克罗同之间正在为争夺昔利斯平原而斗争，此时正值图里俄伊和雅典之间在政治上刚刚开始变得冷淡（公元前 434 年），且多里斯党在这里占据上风。这一地区后来让给了克罗同人，克罗同人把雅典移民从这里迁移了出去，用自己人代替他们，并且为了纪念多里斯的英雄，改称当地城市为海拉克利亚（狄奥多洛斯，卷十二，35 – 36）。

完全有理由假定，希罗多德在图里俄伊发表了自己的《原史》。

亚里士多德(《修辞学》卷三，1409a，29)这样引用希罗多德著作的开头部分：Ἡροδότου Θουρίου ἥδ' ἱστορίης ἀπόδειξις [图里俄伊人希罗多德的探究呈现于此]，在这里并不是现在我们在《原史》中看到的"哈利卡尔那索斯人希罗多德"。没有任何理由怀疑希罗多德本人正是这样写的：在林多斯的《年代记》里，① 希罗多德也被称为图里俄伊人，而根据《苏达辞书》的报道，萨摩斯的杜里斯②也这样称呼他。阿维耶努斯所使用的史料，至晚都是在公元前350年之前写成，他也同样称希罗多德为图里俄伊人(Herodotus ipse Thurius, Ora maritima，49)。《苏达辞书》则报道说，希罗多德放弃了自己旧的祖国，开始自称图里俄伊人。如果我们在这之外，再加上一个情况，即普鲁塔克也曾两次指出在许多抄本里希罗多德被称为图里俄伊人，③ 而斯特拉波(Strabone) 和泡萨尼阿斯 (参见 Strab.，14，2，16；Paus.，卷六，7，4)也称希罗多德为图里俄伊人的话，我们便未必需要怀疑希罗多德在自己的著作中自称图里俄伊人。如果这样的话，那么十分明显，他的著作只能是在图里俄伊写的。在这方面特别有启发作用的是他这样的话(卷四，99)：

> ……西徐亚……有两个界线是南方的海和东方的海，就像阿提卡也是以大海为疆界一样。……但是那些没有在阿提

---

① Blinkenberg, *La chronique du temple Lindien*, Kopenhageh, 1912, p.29：Ἡρόδοτος [ὁ Θ]ούριος ἐν τᾶ Β τᾶν ἱστοριᾶν.

② Suid, Δοῦρις δὲ ... ἀνέγραψε καὶ Σάμιον (sc. τὸν Πανύασιν) ὁμοίως δὲ καὶ Ἡρόδοτο[ν] Θούριον. [ν] Jacoby，s Mss.

③ De Herod. Mal. 35；De exil. 13，604 F.

卡那一部分的海岸航行过的人，我可以用另一种办法对他说明：这就正仿佛不是雅庇吉亚人（Iapygian），而是其他种族住在雅庇吉亚、被从布伦特西昂港（Brentesium）到塔拉斯（Taras）的一条线所切断的那个地岬上面……

非常明显，这一比较是特别讲给住在图里俄伊的读者们听的。

我们已经说过，希罗多德对地中海西部的记述，并不像他对地中海东部的记述那样精彩。我们能有把握的是，他曾到叙拉古（Syracuse）旅行过一次，并有可能和当地的某个人谈话（卷七，153—154）。他报道的美塔彭提昂（Metapontium，卷四，15）和克罗同（卷五，44）的传说，便可能是间接听来的。

学术界常常有这样一种看法，即仿佛希罗多德是在图里俄伊和雅典之间的关系冷淡之后，才重新返回雅典。实际上，正如我们已经说过的，这样的冷淡是公元前434年的事情：图里俄伊人不愿宣布雅典为自己的母邦，在伯罗奔半岛移民的影响之下，他们到当时站在斯巴达一方的德尔斐神殿请示神谕，阿波罗则命令不要把雅典的什么人而是把他自己认作图里俄伊的建立者。在这之后，图里俄伊的居民就自愿把昔利斯地区（雅典人认为这地方自古以来属于他们）让给了克罗同（卷七，35–36）。从另一方面来说，我们知道，希罗多德的著作这时还没有完成。

雅科比机智地根据两个事实确定了这部著作的完成日期。谈到埃吉纳人最后遭到的可怜命运时，希罗多德提到了公元前431年他们从埃吉纳（Aegina）移居出来的事情（卷六，91），然而只字未提公元前424年埃吉纳人被杀一事。如果他的书是在公元前

424年以后写的话，这一点他不可能不提。此外，他还提到杀死公元前430年在忒腊克被捕获的斯巴达使节的事情。这样看来，希罗多德是在公元前430年至前424年之间中止了写作；由于该著作并未完成（它在讲到居鲁士的故事时中断了，并且没有结尾），显而易见，他死于这一时期。①

然而，却不应当由此认为希罗多德死在雅典，或认为他大概第二次又到雅典待过一个较长时期。② 在他的著作中，关于公元前443年至前430年间的雅典的全部报道，带有一般的、撮要的性质，就是在图里俄伊，他也可以得到这样的报道。

在伯罗奔半岛战争刚一开始的时候，图里俄伊的立场和希罗多德在那里的可能性并不矛盾。图里俄伊人不仅拒绝承认图里俄伊是雅典的殖民地，他们在伯罗奔半岛战争开始时，还认为自己有义务提供士兵，参与对叙拉古的阿提卡大军的围攻（修昔底德，《战争志》，卷七，35、37）。吉里珀斯（Gylippus）试图使图里俄伊人脱离雅典，但是没有成功（《战争志》，卷六，104），却导致

---

① 另一方面，

希罗多德还不知道西西里远征，不知道斯巴达人占领德克莱阿（Decelea，参见卷九，73），不知道在公元前425年至前424年间即位的大流士二世，并且认为没有必要突出叙斯塔斯佩斯（Hystaspes）的儿子大流士作为使用这一名字的第一位国王。

米申柯，前揭书，卷一，页LXV；布捷斯库尔，《希腊史引论》，页60，注释2。

② A. Kirchhoff 的假说。参见 *Über die Abfassungszeit des herdotischen Geschichtswerkes*，Berlin，1878。

反雅典派被逐（《战争志》，卷七，34）。只有远征西西里的失败才使图里俄伊的立场发生真正激烈的转变，公元前412年，图里俄伊人把自己的士兵交给斯巴达军队（《战争志》，卷八，35及以下）。然而，我们却没有任何证据证明希罗多德此时还活着。从他的著作来看，这一点是不可能的。

《苏达辞书》的一个史料报道说，希罗多德死于培拉的马其顿国王的宫廷；其他许多雅典作家，例如品达、欧里庇得斯、阿伽通等人，晚年都曾到那里去过。《苏达辞书》报道说：

> 希罗多德和与他同时的滂提勒涅（Mytilene）史家赫拉尼科斯一道，在欧里庇得斯与索福克勒斯时代的马其顿国王阿门塔斯（Amyntas）的宫中（即早于公元前406年）。

这个阿门塔斯的统治时期是什么时候，我们不得而知。我们只知道，马其顿王、希腊爱好者亚历山大一世（大概在公元前454年至前445年间逝世），除去在伯罗奔半岛战争时期当政的佩尔狄卡斯二世（Perdiccas II）之外，还有一个儿子叫阿门塔斯（Syncell. 500, 4）。如果这个阿门塔斯的统治时期大约是在公元前454年至前440年之间，那么希罗多德到马其顿的时间，就正好是在他到图里俄伊之前，而不是在他垂暮之年；如果像施泰因假定的，手稿中脱漏了两个词，即应当是"阿门塔斯的儿子亚历山大"，那么希罗多德到那里去就应当是更早时期的事情（公元前445年之前）。①

无论如何，不应怀疑的是，希罗多德在他一生的某个时期曾到希腊北方做过一次大范围旅行，并且在马其顿国王的宫廷中住了一个时期。

波伊俄提阿作家阿里斯托芬的《忒拜年代记》② 写于公元前4世纪前半叶，但他的报道并不属实。他说：

> 希罗多德向波伊俄提阿人要钱，但是没有到手。他本来已开始和青年人交谈并教授他们，但波伊俄提阿当局由于没文化和憎恨学术，禁止了他。

这乃是对希罗多德别有用心的诋毁，因为他在其作品中激烈攻击过忒拜（Thebes，一译"底比斯"）。

这一恶意的故事的基础，很可能是希罗多德曾试图在忒拜公开演说，因为从希罗多德的著作可以清楚看到，如果关于波伊俄提阿的其他地方（Jacoby，前揭书，第241栏）他知道得不很清楚，或只是通过第二手材料进行了解，那么就足以促使他在忒拜当地和许多城邦民谈话，记述下某些传说，甚至对在那里发生的党争持有一定的立场（Jacoby，前揭书，第415栏）。关于这一

---

① διέτριψε δὲ Ἑλλάνικος σὺν Ἡροδότῳ παρὰ [Ἀλεξάνδρῳ τῷ] Ἀμύντα κατὰ τοὺς χρόνους Εὐριπίδου καὶ Σοφοκλέους。参见 Stein 的《希罗多德注》卷五，22（页21）。

② Plut. de Herod. malign. 31（See p. 161 – 162），Ed. Schwartz, Pauly-Wissowa, Aristophanes。

切，后面在谈到希罗多德的世界观时，我们还要详细论述。还有一点也很难说，即有关希罗多德到科林多去的恶意报道是否属实。

正如雅科比指出的那样（Jacoby，前揭书，第259－261栏），在希罗多德的著作里，许多地方可以确证他曾通过忒腊克旅行到马其顿。许多地理上的记述，只有通过亲身观察才写得出来，而许多地方传说，也只有到了当地才能加以记载。例如，第五卷第17节：

> 从普拉西阿斯（Prasiad）湖到马其顿有一条非常便捷的短路。因为首先接着普拉西阿斯湖就是那个后来亚历山大每天可以取得一塔兰特白银的矿山，当一个人经过这个矿山之后，他只需越过称为杜索隆（Dysorum）的山便到马其顿了。

希罗多德显然并没有在马其顿游历过，但是当他在马其顿宫廷的时候，曾经进行过探询，"他知道些有关马其顿的事情；对于马其顿城邦民他几乎毫无所知。可是关于马其顿的王室他知道的却很多"（Jacoby，前揭书，第261栏）。他对国王亚历山大一世表现出特别的同情和兴趣。他破坏叙述顺序，毫无任何联系地在引证之后，两次证明马其顿王室起源于希腊（卷五，22；卷八，137－139），并着重指出亚历山大一世对希腊人的热爱（卷七，173；卷九，44）。他描写了亚历山大一世对侵入马其顿的波斯人的高尚反击（卷五，17－21）。[1] 他千方百计把这个国王的相当暧昧的行动（波斯人出征希腊时，该国王是他们的同盟者），说成是纯粹的、泛希腊的爱国

---

[1] Stein，卷五，节22注释，页21。

功勋：用他的话来说，亚历山大一世曾向驻守在特姆佩（Tempe）山路的希腊人秘密报告波斯人来攻的消息，并劝他们撤退（卷七，173）；他向雅典人传达了玛尔多纽斯（Mardonius）提出的和波斯人媾和并结成联盟的建议（卷八，136及以下）；在普拉泰亚战役之前，他向希腊人报告了玛尔多纽斯的计划（卷九，45）："因为我本人的远祖是希腊人，我也决不愿意看见自由的希腊受到奴役。"他还谈到从波斯的掳获物中取得的、被安放在德尔斐的那个亚历山大一世的金像（卷八，121）。当然，这一切都是为了希罗多德所亲近的雅典的利益，因为正像希罗多德在同一个地方所报道的（卷八，136），亚历山大一世是雅典人的代理人。然而，希罗多德报道的亚历山大一世一生中经历的众多事实，他对于亚历山大一世家族传统的熟悉，他对亚历山大一世族谱的精确知识等等，以及直接引用的同"马其顿国王们"的谈话（卷五，22；*κατάπερ αὐτοὶ λέγουσι*），这一切都十分令人信服地证实了某些学者的说法：所有这些材料，都是希罗多德在波斯宫廷中和亚历山大一世的个人谈话中得来的（Jacoby，前揭书，第250、255、261栏）。

希罗多德的世界观

学院传统一般把希波战争说成是统一、团结、民主的"希腊人民"反抗愚钝的外方人大军的斗争,这些外方人大军被波斯暴君的皮鞭驱赶到希腊,以便奴役爱好自由的希腊人。这一传统的主要根据是普鲁塔克的著作,他生活在希波战争600多年之后。普鲁塔克不自觉地把他当时的观点和态度,用到了过去的事情上。①

受这种学院传统熏陶的读者当然会认为,在他读希罗多德(他几乎是这些事件的同时代人)所写的关于这些战争的古典著作时,他会看到一幅大概相同的希波战争图画。但是,他越这样深入研读希罗多德,就越读不懂这位伟大的古代史家。对希波战争的一般看法,在他看来对希罗多德自然也应该适用。因此,在遇到和普通概念相矛盾之处时,他就会认为希罗多德大概在很多地方都自相矛盾,因而所有那些不符合一般情况的地方,在希罗多德的著作中都是没有任何意义的"偶然因素"。从而读者会继续认为,该著作的中心乃是"泛希腊的民主的爱国主义"。

---

① 参见普鲁塔克,《对比列传选》,莫斯科,1941,我写的序言:"普鲁塔克及其时代",页5-18。

但是，如果试图在希多罗德著作中寻求可以令人信服的证明这一"中心"的地方，将徒劳无益。在该著作中，他不会找到任何和这方面有关联的材料，不会找到任何重要的矛盾之处。因此在失望之余，他会得出结论说，希罗多德是一个阴险、狡猾、无耻的人，这个人故意不去看人类精神上的崇高表现，只看人身上那些卑鄙龌龊、自私自利和卑劣的东西。

在公元初期，普鲁塔克的看法就是这样，他还写过一部名为《论希罗多德的阴险》的作品。在现代学者当中，苏黎世的霍瓦尔德教授也持类似看法。在他的一篇谈希罗多德世界观的论文中，[①] 他把我们的这位史家看成小亚细亚诸城邦"商人文化"（Kaufmannskultur）的典型代表人物，并且把哈利卡尔那索斯拿来和佛罗伦萨（Florence）相比，把希罗多德和薄伽丘（Boccaccio）相比。根据霍瓦尔德的看法，这些商人习惯于各种各样通融妥协的作风，因此，他们看到大家承认的正义法则受到破坏并不感到愤怒，而是抱着好玩和不加苛求的赞许态度。希罗多德公然满足于记述那些令人愤慨的变节事件：如米利都的阿里斯塔戈拉斯（Aristagoras）劝说波斯太守，要为国王攻占纳克索斯（Naxos）、帕罗斯（Paros）、安德罗斯（Andros）和其他居克拉迪（Cyclades）岛屿以及欧波亚（Euboea，一译"优卑亚"，卷五，31）。在同卷的第109节，希罗多德记述了居普罗斯（Cyprus，一译"塞浦路斯"）的希腊国王的背叛。在第七卷的第213节，他谈到了在温泉

---

① E. Howald, "Ionische Geschichtsschreibung", in *Hermes*, 58, 1923, p. 116.

关（Thermopylae）歼灭希腊全军的俄皮阿尔特斯（Epialtes）的背叛行为。在记述萨拉米斯战役的时候（卷八，10），他宣称，站在波斯人方面作战的希腊人中，有许多人为本族人的灭亡幸灾乐祸，并且争先恐后地拼命拿捕雅典的船只，以便取得国王欢心。在同卷的第85节，他报道说，忒米斯托克勒斯劝说站在波斯人一方作战的希腊人转到希腊人阵营，其成效甚微，他还宣称知道许多在波斯舰队中作战的希腊舰船统帅（这些人拿捕了希腊船只并和波斯人一道作战）的名字，但是他不愿举出这些名字，只例外地说出了两个萨摩斯人的名字。其中一人因功被任命为萨摩斯僭主，另一个人被载入国王的恩人册，得到了大片土地。

最后，霍瓦尔德认为，希罗多德最无耻的地方（der Höhepunkt）① 是，他指责（卷六，10）起义的伊奥尼亚希腊人，说他们"态度很固执……因此不肯做出背叛的事情来"（ἀγνωμοσύνῃ τε διεχρέωντο καὶ οὐ προσίεντο τὴν προδοσίην）。

根据霍瓦尔德的意见，希罗多德对于完全无视任何道德原则的鄙俗的虚荣、奸诈、卑劣等行为，也毫无厌恶之感。谈到他所尊崇的阿尔克美奥尼戴家族的克莱斯忒涅的时候，希罗多德认为有必要幸灾乐祸地报道说（卷五，66），出身显贵的克莱斯忒涅站到人民一方，只是为了加强自己的势力——实际上，克莱斯忒涅好像只是想拼命夺取政权。在另一个场合，即当希腊的军事将领投票谁应得到胜利首奖的时候，每一个人都投了自己的票（卷八，123）。福基斯人（Phocians）之所以站在希腊人一方作战，只是

---

① 参见 *Ionische Geschichtsschreibung*，前揭书，页116。

由于他们和自己的邻居帖撒利亚人不合（卷八，30），而阿尔戈斯人则"与其向拉刻岱蒙人屈服，不如受治于外方人"（卷七，149）。参加普拉泰亚战役的只有雅典人、斯巴达人和特该亚人（Tegeans）；所有其余的希腊人都没有参加战斗，尽管如此，"他们修起这样的空坟原是为了给后人看，因为他们对于不曾参加战斗这件事，引以为耻"（卷九，85）。克谢尔克谢斯极其尊敬的阿尔忒米西娅（她从克谢尔克谢斯手上取得哈利卡尔那索斯作为采地），逃开了希腊战船的追击。她知道克谢尔克谢斯本人正在从山上望着她，并且知道如果他看到她逃跑的话，她会失掉他对她的好感，因此她便想到这样一个聪明的解决办法：她指挥的战船猛烈地向一只站在波斯人方面战斗的船冲去，把它击沉；她这样做是指望希腊人看到时，会以为她的船或是站在希腊人方面作战，或是已经转到他们一方来，同时又指望在远处瞭望的克谢尔克谢斯以为她所击沉的是希腊战船。事情真这样发生了，阿尔忒米西娅竟然因此受到奖赏（卷八，87-88）。

按照霍瓦尔德的看法，希罗多德以同样的满足心情描述毫不足取的自私行为。虚荣和自私自利使忒米斯托克勒斯做出许多不光荣的事情：例如，他对爱琴海诸岛的居民以围攻和摧毁相威胁，向他们榨取金钱（卷八，112）。当波斯人宣布重赏埋葬玛尔多纽斯尸体的人时，希罗多德指出，他"实际听到各个国家的许多人都埋葬过玛尔多纽斯，又听说有许多人因为这样做而受到玛尔多纽斯的儿子阿尔通特斯（Artontes）的丰富酬谢"（卷九，84）。在另一个地方（卷七，164），希罗多德对一个叫卡德摩斯（Cadmus）的人大加赞扬，因为这个人曾被葛隆（Gelon）托付以一大笔金钱，后来又把这笔钱物归原主。霍瓦尔德认为，这样一种起码的正直，在一般人身上乃是一种不言而喻的事情，只有因看到大笔金钱而不能无动于衷的小气鬼，才会把它看成一件巨大功劳。

希罗多德喜欢非常详细地叙述因人类的残忍或嫉妒引起的恐怖场面：例如，他叙述斯巴达人怎样为了自己祖国的利益，把厄利斯（Elis）的预言者赫戈希斯特拉托斯（Hegesistratus）的两只脚锁在有两个孔的足枷里。赫戈希斯特拉托斯亲手锯掉了自己的脚。他不顾极度的痛苦从狱中逃出，徒步进入阿尔卡地亚，后来为了使斯巴达人作难，并由于自私自利，成了克谢尔克谢斯的预言者（卷九，37），因此得到大量金钱。在另一个地方（卷五，87），希罗多德又叙述全体雅典战士怎样在对阿尔戈斯人的战斗中阵亡，只有一个人例外地返回祖国。阵亡者的妻子们看到她们的丈夫阵亡了，这个人却得以保全，"于是，她们便集合在他的周边，向他追问她们自己的丈夫在什么地方，并用她们衣服上的别针把他刺死了"（我们看到，没有人对死的这个人定下开小差的罪名，而雅典人认为这些妇女的行为"比起他们的不幸遭遇要更可怕"）。

在希罗多德的著作中，我们同样常常发现背信弃义和渎神的场面。在第一卷第160节，他叙述喀俄斯人（Chians）怎样把波斯人帕克图俄斯（Pactyes）从雅典娜神殿拖出并把他交给波斯国王，因为为了对这件事表示谢意，波斯国王曾答应把小亚细亚沿岸的阿塔尔涅乌斯城（Atarneus）给他们。国王坎道勒斯非常喜爱并眷顾的居吉斯（Grges，卷一，11），竟不得不在王后的要求下，或是自己去死，或是把他忠心侍奉的国王杀死。居吉斯考虑过后……"选择了一条给自己留活命的道路"（αἱρέεται αὐτὸς περιεῖναι）。这一无耻的说法，使人很容易联想到海涅的《两个波兰人》中相应的诗句："为祖国牺牲挺好……可是活着更妙。"

可是，霍瓦尔德的愤慨在我们看来毫无道理。他引用的涉及"背叛行为"的例子，有一部分是希罗多德在描写伊奥尼亚起义时并不同情希腊人的例子，这一点下面我们还要讲到。另外的一些例子——描述残酷的场面，坦白承认人类的弱点等等——不外是常用的文学手法，即什克洛夫斯基所说的"陌生化"。例如，像这样一个"无耻的"结尾，即英雄不是英勇地阵亡而是"宁肯活下去"，这不仅仅是"希罗多德和犹太人海涅"的特征，它也是古典诗共通的地方：阿尔齐罗柯斯（Archilochus）叙述他怎样把一只很好的盾抛掉逃离战场，他说，"有什么关系，我可以买一只新的更好的盾，可是我却救了自己的性命（ψυχὴν δ᾽ ἐξεσάωσα）"。后来在阿尔凯奥斯（Alcaeus）和荷拉提乌斯（Horas）的著作中，我们也看到以同样形式表现的同一题材。上面提到的阿尔齐罗柯斯这样描写对忒腊克人的胜利：

> 我们赶上和杀死的人恰好是七个——
> 而我们却整整是一千人！……

这纯粹是文学现象，对于荷马及其继承者那种千篇一律地过分歌颂战斗中的勇敢的战争诗，当时大家都已感到厌烦，这种文学现象从而是一种自然反应——总而言之，这是和"蛙鼠之战"平行存在的现象。

然而，希罗多德之所以喜欢描写人类的软弱和怯懦，有深刻的根源。希罗多德首先是一位精确和公正无私的观察者，他把伊奥尼亚自然科学的方法用到历史上面来；他的义务就是把他所观察到的和人们告诉他的东西准确地传达出来。按照他的意见，软弱、贪欲、妥协乃是生活中的常规，而表现了崇高品质的事迹却是例外。这样说来，下面的情况就很自然了，即在他搜集的材料当中，较大部分都属于前者。

甚至霍瓦尔德自己也不得不承认这样的情况：人类的个别卑鄙表现，特别是当这些表现和宗教有联系时，它们会引起希罗多德的愤慨（Entrüstung，页116）。可是，在同一个地方霍瓦尔德又说：

> 从别的地方可以看到，希罗多德在认真地怀疑神自己的目的是不是按照罪过来给予惩罚（dass er an der gottgewollten Entsprechung von Strafe und Vergehen ernstliche Zweifel hegt）。译按：即上天是否赏罚分明。

例如，在谈到冈比西斯（Cambyses）的渎神行为和随后他发疯的情况时，希罗多德指出：

> 这些疯狂行动也许是由于阿庇斯（Apis）的缘故干出来的，也许是从人们经常遭遇到的许多痛苦烦恼当中产生。（卷三，33）

希罗多德在许多地方都指出，对于正直的人和邪恶的人来说，他们在生活中遇到幸运的事和不幸的事的机会常常一样，霍瓦尔德于是又说：

> 可是，希罗多德在看到这样的情况时，他并不感到悲伤和痛苦，而是像报道自然界的理所当然发生的事情那样，无动于衷地报道世界上这种不公道的事情；不仅如此，他是用极大的好奇心，用无限的兴趣来观察生活上的这种荒谬安排。

霍瓦尔德引用第九卷第108－113节作为例证，来说明希罗多德这样一种原则上的不道德。在第九卷的这个地方，我们看到了世界上骇人听闻的犯罪小说最古老的范例；而且在这样的情况下，恐怖场面（违反自然的爱情的结果）的大量堆积是文艺技巧方面的问题（"米利都故事"）；但是在希罗多德看来，罪恶得到胜利而善行遭受屈辱，这在生活中确确实实司空见惯。

霍瓦尔德既然要求希罗多德能够"动人心弦地"（pathetisch）对个别不公道的事情和整个世界上的不义性感到愤慨，要求希罗多德不仅仅是描写人的软弱的方面，而应主要描写人的英勇和崇高的那些方面，因此在本质上，霍瓦尔德是站在普鲁塔克的观点上。在霍瓦尔德看来，如同普鲁塔克的观点一样，希罗多德是一个卑劣、内心险恶（κακοήθης）之人，在抹杀人类的一切美德和诽谤人类这样的事情上，他感到特别满足。

迈耶（Meyer）对这些事实做了正确的解释，① 在这个问题

---

① Ed. Meyer, *Forschungen*, II, p. 257F, p. 264F.

上我完全同意他的看法，因此，我觉得把迈耶尔的话重述一遍就够了。他指出，希罗多德的那些伦理、宗教观点，不仅足以表现他本人的特色，还表现了索福克勒斯、可能还有伯利克勒斯集团的其他许多代表人物的特色。这些特色可以用这些人物深刻的宗教性来说明，因为在公元前 5 世纪中叶，只有关于"嫉妒的神"的古老概念才能够把日常生活中的事实和对神的信仰调和起来。

这种世界观和在他们之前的埃斯库罗斯的世界观正相反。就好像伊奥尼亚哲人不怀疑他们的那些先验的前提一样，埃斯库罗斯坚信报应这一颠扑不破的法则的存在：正像迈耶尔正确指出的那样，埃斯库罗斯的每一出肃剧（更确切地说是"三联剧"）几乎同时也都是神正论。在埃斯库罗斯的剧作里，一个人所遭受的不幸，照例总是被描写成他本人或他的祖先在神面前犯罪的结果；神因他所犯的罪行对他本人和他的家族进行惩罚。埃斯库罗斯知道关于神的嫉妒、关于完满无缺的幸福等于犯罪的学说，但是对于这样的学说，他愤怒地加以驳斥（《阿伽门农》[*Agamemmon*]，行 748–759）：

> 在人们当中流传着
> 这样一句老话：
> 人间最大的幸福必有余殃，
> 它不会毫无后果。
> 幸福会把无穷无尽的悲惨命运，
> 孕育在子孙的身上。
> 我们的想法则完全不同：

> 不义之行只会产生更多的不义,
> 它们并不会违背自己的血统。
> 但虽然富有,可是正直的家庭却会平安无事,
> 而这一家美好的子弟们也将会幸福。

但是,希罗多德和索福克勒斯却回到落后的原始观点上去了:埃斯库罗斯以伦理的不证自明的假定为基础的世界观并不能得到胜利——它和日常经验矛盾重重。在希腊文学里,埃斯库罗斯是它的最后一个信奉者。

在希罗多德(以及索福克勒斯)的作品里,也有这样一些概念的痕迹(第二卷第 120 节:"诸神确是严厉地惩罚了重大的不义之行"),然而,基本上,希罗多德承认只有在动物界和植物界(神没有理由嫉妒它们)才有这种和谐的世界秩序,而且这一秩序适用于整个人类。

> 看来,正是由于上天的智慧有这样合理的安排,使一切怯弱无力和适于吞食的生物都多产,这样它们才不致由于被吞食而从地面上减少。但那些残酷的和有害的生物则生产的幼子很少。(卷三,108;下面又举了几个例子)

至于个别人的命运,在这里,铁一般的经验使希罗多德不得不放弃这种落后的、为神学进行辩护的世界观。他的神远不是经常以道德动机为指导原则:他们的行动和地上的统治者一样。他们充满嫉妒,特别喜欢搞垮那些表现出肆心($\ddot{u}\beta\epsilon\iota\varsigma$)的人们。神

(ό θεός) 喜欢削平一切突出的东西；人的罪恶便在于他力图占有更好的地位、取得比他命中应得或神应赐给他的更多的福祉，还在于他力图查明为什么他得到这样的地位而不是另一种，而不经过思考就不愿遵从神的意旨。这乃是一种不可宽恕的肆心，因为每个人的遭遇都取决于盲目的和不可理解的命运。

迈耶尔（页257–259）正确地指出，这个观点和原始人类的世界观相近，而埃斯库罗斯的活动，则正是反对这个原始观点的斗争。根据这一民间观点，人类命运的突变，世界上强有力人物可怜的垮台和灭亡，都是由于诸神的嫉妒，以及他们为了自己的地位、甚至自己的生命而感到的恐怖。例如，关于天堂的分别善恶的树和关于巴别塔的犹太故事，便着重指出首先是诸神为了自己的地位而感到恐怖——他们害怕人会和他们平等，"变成和他们一样"。结果人们得到这样的印象，即希罗多德和索福克勒斯的世界观，比起埃斯库罗斯甚至梭伦，在许多方面都有退步。这个新的世界观否定了道德公设的要求，并且回到了旧的人民的观点：

> 这个新的世界观，用经验、用理性必须承认的不可驳斥的事实（不管它们和它的要求如何矛盾），代替先前符合理性要求的、在高度伦理公设的基础上组织起来的、先验的世界图画结构。只有注重仪式的宗教、迷信和神秘主义，才能在教育和唯物主义取得胜利的时代大行其道；以相信神的慈悲和公正为基础的对神的笃信难以为继，因为它和人们经验中的事实尖锐矛盾。谁想保持对神的笃信，只有付出回到前一个发展阶段的代价才能保持它。

这样看来，实际上，这里我们遇到了作为智术师派特色的科学经验主义的又一个表现。伦理的公设是一个无效的假说。从实际生活可以看到，无辜的人常常受很大的苦，劣迹斑斑的人们却在享福。借口说远祖造孽，这个说法和新的道德观念相矛盾。落后的原始观点，对绝大多数事实提出了最能令人满意的解释：诸神和地上的统治者一样，他们在给人们分配福祉的时候，愿意怎样办就怎样办，没有道德的原则。恶事在大地上存在甚至占据统治地位，这一点表明，诸神不可能既全能全知同时又公正慈悲。希罗多德并不怀疑诸神的全能和全知（卷三，108：τοῦ θεοῦ ἡ πρόνοια... ἐοῦσα σοφή），因而便不得不牺牲了他们的公正和慈悲。① 正像迈耶尔正确指出的，得出这样的结论，需要精神上的巨大勇气——本来简单一些的办法却是向造物者温和、恭顺地祈祷。

希罗多德是一个虔心信神的人，但同时他又是公元前5世纪希腊的教育活动家，他习惯于从事实出发，并得出各种极为大胆的结论。这便说明为什么在他的著作里，除去对诸神的虔信感情以外，我们还发现了对于大胆和危险题材的诡辩的论断。

> 从希罗多德的观点来看，惩罚想取得应得以外的更多幸福的每一个人的盲目命运无可非难，这乃是历史的基本法则，而他的整部著作本质上就是用一系列例子说明这一普遍的原理。

---

① "在希罗多德的著作当中，神的帮助和奖励所起的作用，远不如他们的威吓和惩罚。"米申柯，前揭书，卷一，页 CXLIV。

>[希罗多德]在他的著作中,到处揭示同一个按他自己的方式理解的人类生活秩序,这样便提供了……世界历史的范例。在这个范例里面,外方人和希腊人、普通人和帝王同样变化无常,又同样能够证实作者的主导观点。①

在第七卷第 10 节,希罗多德鲜明地叙述了自己的这个观点,他把自己的话放到教训克谢尔克谢斯的波斯高官阿尔塔巴诺斯(Artabanus)嘴里:

>你已经看到,神怎样用雷霆打击那些比一般动物高大的动物,也不许它们作威作福,可是那些小东西却不会使他发怒。而且你还会看到,他的雷箭怎样总是投掷到最高的建筑物和树木上去,因为不容许过分高大的东西存在,这乃是上天的意旨……原来神除了他自己之外,不容许任何人妄自尊大。

越是强大有力的人,就越是仰仗自己的实力增加自己所占有的东西,而神也越发乐于打击和搞垮他。

希罗多德的神不仅嫉妒,而且狡诈。他故意使幸福之人走上犯罪的道路,对请求神谕的人们做出虚假或是模棱两可的回答(卷一,127),托骗人的梦兆(卷一,159;卷六 135);因此,甚至克谢尔克谢斯出征希腊都不是由于他性格邪恶,而是由于神用

---

① 米申柯,前揭书,卷一,页 XXXIX—XXXCX;在页 CXXXI 及以下,米申柯在世界上第一次提供了希罗多德宗教道德观的一个完整提要。我们基本同意这个提要,只是因主要前提方面的差别做了相应变动。

一些狡诈的诺言和威胁迫使他这样做（卷二，139）。

米申柯指出，① 希罗多德的这一总的观念，对各种说法的选择，对一些他喜欢的最能符合史家主观宗教道德情绪的故事，产生了强烈影响，而且在许多情况下是决定性的影响。在某些情况下，这一点会导致对历史的歪曲——他却宁可选择坏的说法而放弃好的说法。

> 因此，希罗多德便乐于采用这样一种民间传统，根据这种传统，西亚细亚的一次日食发生在公元前480年，可是实际发生在公元前478年。他需要把这一奇妙的天象向前移两年，为的是把它解释成克谢尔克谢斯出征之前一个宿命的征兆。② 由于同样的动机，他十分相信德洛斯人（Delians）关于地震的传说（仿佛有一次由于达提斯［Datis］的离开，直接导致这个岛发生地震，参见卷六，98）。显而易见，修昔底德在谈到他的前辈提到的这个地方时，坚决指出在伯罗奔半岛战争前夕发生的那次地震以前，岛上没有发生过任何地震（《战争志》卷二，8）。与此相似，这位史家还相信富于诗意的梭伦访问阿玛西斯和克洛伊索斯的故事，尽管这个说法显然和年代上的资料相矛盾：梭伦的出游……可能发生在公元前593年至前583年，而阿玛西斯直到公元前570年才登上王位，克洛伊索斯登位日期则是公元前560年，都是梭

---

① 米申柯，前揭书，卷一，页CLI以下。
② 卷七，37；米申柯，前揭书，卷一，页CLII，以及引用Zech的 *Astronomische Untersuchunge*，页29以下。

伦出游之后 25 年的事情了。① 故事是某一个说教家编造出来的；希罗多德不怀疑这个故事，只是因为他同意这个故事对人类的幸福及其变幻无常所持有的观点。②

我们可以大胆地把普鲁塔克《忒米斯托克勒斯传》（第 31 节）的不同说法，拿来和希罗多德的著作方法加以对比。正如普鲁塔克自己所说，关于忒米斯托克勒斯的死有两种说法：一种说法是，他不愿意参加对希腊人的征战而服毒自杀；另一种说法是，他因年老而寿终正寝，始终没有背叛波斯国王。尽管有修昔底德这样的权威作家（《战争志》卷一，138，4）赞同第二种说法，普鲁塔克仍旧同意第一种说法，因为它具有伟大的爱国意义（参见笔者给《对比列传选》所作的引言，页 371，注释 179）。

我们要指出的是，这样的学说取得胜利，证明了知识分子的反动——即便不是精神上的反动，也是政治上的反动。关于人有不同价值的学说，关于神给每个人自己的地位和想越过这一地位的企图是最大的罪过、是"肆心"（ὕβρις）等等学说，都帮助证明了国内的阶级不平等，以及敌视民主原则。这一学说表现在德尔斐的箴言里："毋过度"（μηδὲν ἄγαν），"认识你自己"（γνῶθι σεαυτόν）；③ 有

---

① 卷一，29；卷二，127。格罗特最早提出的这个观点（《希腊史》[History of Greece]，卷四，页 206 以下），在我看来完全可信：我们知道，当公元前 561 年庇西斯特拉托斯夺取政权时梭伦还活着，在此之后他才能到克洛伊索斯那里去。

② 米申柯，前揭书，卷一，页 CLI – CLII。

③ 详见笔者论文《柏拉图和亚里士多德论精密科学》，见《科学与技术文库》，第 Ⅸ 号，1936，页 303 以下。

趣的是，和希罗多德具有相同思想的索福克勒斯却和德尔斐接近，并且在自己的肃剧《俄狄浦斯王》（*Oedipus Tyrannus*）中肯定地站在德尔斐一方反对雅典，尽管这时德尔斐支持的是斯巴达。

我们还看到，希罗多德经常在雅典和德尔斐这两极之间摇摆。他在旧式的正统信仰和伊奥尼亚怀疑主义之间的动摇，也和这一点极其相关。他相信神启示的各种各样的预兆；他相信奇迹、预言、幻象、梦兆、牺牲的占卜等等。他在第六卷第 27 节说："当城邦或是民族将要遭到巨大灾祸的时候，上天总是会垂示某种征兆"；在同卷的第 98 节说："……在德洛斯（Delos）发生了一次地震；而据德洛斯人说，这是在我的时代之前最初和最后的一次地震。我以为这是上天垂示的征兆。"希罗多德在自己著作里提到征兆的地方，不下 35 次之多。①

根据他的意见，预言每次都应验，只是人们并非每次都能对它们做出正确的解释罢了。希罗多德抱着虔敬的心情谈到圣物。他相信言语的预言意义，相信"言语会应验"，因此他忌讳提到圣物和圣仪，不愿举出诸神的秘名，而当他提到这些东西的时候，他每次都请求神的宽宥，②例如，在第二卷第 45 节里，他写道："我说了这么多关于这件事的话，我想神或英雄不会因此而感到不愉快吧！"这一点不是希罗多德一个人的特色，而是全体希腊人心

---

① 参见米申柯译本卷二页 616 – 617 "奇迹"项目下索引（卷一，第 19、22、59、78、87、174、175 节；卷二，第 82、111、141 节；卷三，第 10、76、86、153、154 节；卷四，第 28、79、151 节；卷五，第 85、86；卷六，第 27、61、82、107、117 节；卷七，第 37、57 节；卷八，第 37、39、41、65、104、135 节；卷九，第 100、101、120 节）。

② 参见布捷斯库尔，《希腊史导论》，页 67 – 68。

理的特色。例如,希腊人可以把任何建议提交城邦民大会,只是涉及圣物的或是违反现行法律的建议除外(从古典时代的观点来看,这样的建议是渎神的)。在这样的情况下,他必须预先向雅典公众取得 ἄδεια [安全] 保证。就是希罗多德在我们上面所引的地方,也同样请求了 ἄδεια [安全]。

但是,从另一方面来说,他也受到伊奥尼亚的怀疑论的感染。在他提到"玛哥斯僧行了牺牲礼,对大风念了镇风咒语,又向忒提斯(Thetis)和涅蕾德丝(Nereids)奉献了牺牲,这才使它在第四天停了下来"的时候,他却附加说,"或者这也许不是她们的力量,而是暴风自己停了下来"(卷七,191)。希罗多德承认,梦是神托的,但他同时(卷七,16)却借着阿尔塔巴诺斯的嘴叙述了村社克利特(Democritus)的理论,根据这个理论,梦不是神托的,而是白天我们心里想的东西,到夜里就成了我们的梦幻。他解释说(卷三,33),冈比西斯的精神病可能完全不是因渎神而受到的惩罚:冈比西斯可能生下来便得了癫痫病,等等。①

我们看到,希罗多德不承认神的慈悲与公正。但如果认为他的著作和生活在不幸和无望的伯罗奔半岛战争时期的修昔底德的著作相似,也浸透着毫无出路的悲观主义的话,那便不正确了。在希罗多德的时代,还没有产生这种情绪的前提:他带着极大的好奇心和浓厚的兴趣来看待生活。但是他完全没有高度乐观的情绪,他和贵族集团有着极其密切的联系,这一阶级前途渺茫的处境不能不也反映到他的世界观上来:没有十全十美的幸福,人类

---

① 卷一,32、207;卷六,46;卷七,49。布捷斯库尔,前揭书,页64。

的幸福短暂易逝；应当善于满足于我们所能得到的一小部分幸福——这就是他的故事的主题。①

雅典的民主思想无论如何也不能促使希罗多德有这样的世界观。不过，他仍不是热心民主的人物：在谈到希罗多德著作的政治倾向的时候，我们的意见是（见下文页63及以下），希罗多德带着若干很大的保留条件才接受了民主制度。

要研究希罗多德的政治观点，必须了解他在民族问题上的立场：在多里斯人对伊奥尼亚人、希腊人对外方人的争端当中，他是怎样行动的。在谈到希罗多德对外方人的态度时，人们通常从形成于公元前5世纪末、最后固定于公元前4世纪末的那些观点出发。

我想未必有谁会否认，从公元前5世纪末开始，对外方人的轻视态度和外方人与希腊人鲜明对立的观念得到广泛传播，尽管希腊各个城邦总是在波斯国王和其他东方王朝面前摇尾乞怜，并用尽一切办法力图取得他们的欢心。这种情况无论如何不能源于在此一百年前发生的与波斯人的冲突。

问题在于，从喀蒙出征小亚细亚和忒腊克时起，大量异邦奴隶便涌入了希腊的市场。起初，这些奴隶都是战俘，后来人们便在东方的市场上大量购买奴隶。购买奴隶不是为了在家中使用，而是为了满足大手工作坊和矿山工作的需求。在古典时代，奴隶占有制只有靠残酷剥削才可能有利可图。必须在思想上为这种人对人的野蛮凌辱进行辩护，这就是下述观点的一切理论根源：奴

---

① 同上。

隶没有真正人的情感；奴隶的精神是介乎动物和人的精神之间的一种东西；奴隶的唯一美德就是善于服从；奴隶是"一种有生命的财产"（κτῆμά τι ἔμψυξον）。奴隶甚至有正式的名称"体"（σῶμα）或"人脚"（ἀνδράποδον）。由于希腊人固有的唯理主义和对系统化的爱好，这种在经济上必要的社会分工被赋予了相应的心理基础：他们硬说，自由人被创造出来就是为了统治和思想，奴隶被创造出来则是为了执行命令和工作。

但任何人都明白，奴隶没有丧失人的品质，他只是由于偶然的战争或海盗的袭击突然变成了奴隶；而且在古典时代的市场上，希腊的奴隶比较少；由于习惯不同，他们当然是不好的和不听话的奴隶。

为了创造为奴隶制度辩护的多少像是科学的理论，不能单单以他偶然陷入依赖他人的地位为理由，把奴隶拿来和自由人对比。恰恰相反，绝大多数奴隶是外方人这一事实，使人们能够利用已经存在的民族主义的和种族的偏见：奴隶是低级生物并不是因为他是奴隶，而是因为他是"可鄙的外方人"。这些理论即使在自由贫民（他们间接地也想剥削奴隶）中也会找到非常有利的土壤。这就是对外方人采取蔑视态度主要的纯经济的根源。

从欧里庇得斯的著作可以判断出，在他的时代，这个观点获得了较大发展，而且"奴隶"（δοῦλος）和"外方人"（βάρβαρος）这两个等同的概念也经常被着重指出来。欧里庇得斯本人的观点有独特的歇斯底里性和不稳定性，他有时保卫外方人，有时又在舞台上咒骂和嘲弄他们。但如果细读他的著作，就可以看出其剧中保卫外方人的人物，所代表的并不是欧里庇得斯本人，而是他同时代的对手的观点。例如，我们知道，智术师安提丰（Antiphon）和阿尔奇达玛斯断然拒绝承认外方人和希腊人之间天生有任何区别；从欧里庇得斯本人的观点来看，外方人不知道什么是正义和法律，他们那里代替正义和法律的是暴力（《美狄亚》，行537）。"他们在智力上不如希腊人"（φρονοῦσι γὰρ κάκιον Ἑλλήνων πολύ，《酒神的伴侣》[The Bacchae]，行483）；"外方人在任何时候都不会成为希腊人的朋友"（《赫卡柏》[Hecuba]，行1199），"对于你们来说，没有比杀死外人更简单的事情了，但对于我们希腊人来说，这是可耻的"（《赫卡柏》，行1247）。

可能还有比外方人是否也有人类品德这一争论更加有代表性的；我们这里不妨指出，民主派和寡头派政治家都把动词 βαρβαροῦσθαι 和形容词 βάρβαρος 当作"粗鲁无知的""野蛮的"等意思来使用。我们不仅在欧里庇得斯的作品中看到这样的用法（《赫卡柏》，行425、1130；《海伦》[Helen]，行501等等），甚至在自由主义智术师安提丰的著作中也同样可以看到。

此外，由于希腊人之间经常冲突不断，并且有大量被群众驱逐的少数党派，在希腊就出现了许多失掉祖国和谋生手段的人，这些人由于无法维持生活而做出各种各样的犯罪行为。在希腊本土，可供移民的无主地早已没有了；亚细亚的平原在希腊人看来则一望无际和无穷无尽。波斯强国这时已经削弱，许多人已经明白它是一座泥脚巨象。出征亚细亚以便把大量没有工作的人移居到东方，并把新的奴隶输入国内，这已成了希腊有钱人的口号。这一口号是雅典商人的思想领袖伊索克拉底（Isocrates）宣布的，稍后，马其顿国王腓力（Philippos）也出于自身目的利用这一口号。

亚里士多德根据这些意图做了必要的理论结论,赋予之前贵族集团中形成的各种理论以最后形式。亚里士多德公开充当了古典奴隶制社会思想家的角色,他赤裸裸地揭示了他的同道者信仰这些观点的原因:他直截了当地说,只有存在"可以自己执行工作的自动机"时,人们才能不要奴隶占有制自己生活下去(所谓自动机,他当然指的是会自动变出食物来的桌布、没有实体的精灵以及故事中提到的诸如此类的东西,而不是今天所说的机器)。

从他的观点来看,人类的本性包含两种因素:一种是神性($τὸ\ θεῖον$),一种是兽性($τὸ\ θηριῶδες$)。在希腊人当中,只有病人和不道德的人才表现出兽性,而在外方人那里,兽性总是占上风(《尼各马可伦理学》,卷八,1145a,27)。"外方人不习惯于思索,因为他们总是干奴隶的活"(《政治学》,卷五,1313a,38);"外方人的本性生下来就比希腊人有更多的奴性,而亚细亚居民的奴性又多于欧罗巴居民"(《政治学》,卷三,1285a,17);"在野蛮人的本性里没有统治的因素,奴隶的结婚只不过是男女奴隶的共栖;因此诗人们说:'希腊人应当统治外方人'(这里,亚里士多德引用了欧里庇得斯的《伊菲革涅亚在陶洛人里》[*Iphigenia in Tauris*],行 406),因为'奴隶'和'外方人'的本性相同"(《政治学》,卷一,1252,5);"甚至如果希腊人被俘并被出卖的话,他们也不会答应把他们称为奴隶;奴隶是指外方人说的"(《政治学》,卷一,1255a,26)。在他给马其顿亚历山大的《论殖民地的开辟》($Ὅπως\ δεῖ\ τὰς\ ἀποικίας\ ποιεῖσθαι$)中,亚里士多德劝他要像领导者一样对待希腊人,但是要像主人一样对待外方人,关心希腊人要像关心朋友和亲人那样,但是关心外方人却要像关心家畜和植物那样。相比亚里士多德的这些话,布提斯库尔的话就不能不使我们感到奇怪了(《希腊史导论》,页70):"甚至……亚里士多德都未完全(原文如此!)免于对外方人的蔑视态度。"

从这些后有的希腊观点来看,人们通常接近于希罗多德。但是,实际上,在他的时代,还不会出现像例如在亚里士多德的著作中那样把希腊人和外方人对立起来的情况。

在荷马的著作里,βαρβαρόφωνος 一词不过表示"说人们不懂的话的人",只此而已。正如修昔底德公正指出的,当时还没有把希腊人和外方人对立起来(《战争志》,卷一,3,4:[Ὅμηρος] …… οὐδὲ βαρβάρους εἴρηκε διὰ τὸ μηδὲ Ἕλληνάς πω, ὡς ἐμοὶ δοκεῖ, ἀντίπαλον ἐς ἓν ὄνομα ἀποκεκρίσθαι)。毫无疑问,在赫拉克利特的著作里,βάρβαρος 一词也有同样的意思(页107):κακοὶ μάρτυρες ἀνθρώποισιν ὀφθαλμοὶ καὶ ὦτα βαρβάρους ψυχὰς ἐχόντων。这就是说:如果眼睛和耳朵的灵魂是"外方人"的话,对人们来说,就是不好的证人;这里我们拿诉讼作比,在诉讼上面,当事双方和证人用不同的语言讲话,因而相互不能理解;我们的灵魂——"外方人"是在这个意义上讲的,即他们不懂眼睛和耳朵所讲的语言。在阿里斯托芬(《鸟》,行199)的著作中,"外方人"一词用的是它的原始意义:鸟王戴胜说,他教那些先前是外方人的鸟说希腊语;因此,外国人在学会了希腊语以后,便不再是"外方人""说外方话的人"了。相反,从希腊语译成另一种语言的书籍却成了"异邦书"。这个词的这一最古老的含义,很久之后还在希腊殖民地保存着。第一次布匿战争时代,罗马肃剧诗人奈维乌斯

（Naevius）自称 poeta barbarus；当受到希腊化文化教育的伟大罗马谐剧诗人普劳图斯（Plautus，生活在公元前 3 至前 2 世纪）把希腊剧本译成拉丁语时，他同样也这样表示：Plautus vortit barbare，即"普劳图斯译成外方语"，不言而喻，奈维乌斯和普劳图斯都没有侮辱自己和罗马人的意思——罗马人在进行大规模征服的时候，他们的爱国心很强（参见 Ruge Barbaroi，Pauly-Wissowa，R. E.，II，2858 栏）。希罗多德指出（卷二，158）："埃及人称所有讲其他语言的人为外方人。"当然，埃及人那里没有"外方人"一词；希罗多德只是想说，埃及人有一个和希腊的"外方人"相当的词；在第二卷第 154 节，他用一个希腊词 ἀλλόγλωσσοι 来译这个意思。实际上，在公元前 6 世纪初的阿布西姆贝尔铭文中，尽管它是希腊雇佣兵写的，却把希腊人和埃及人（Αἰγύπτιοι）对比，希腊人在这里便也是被称为说外方话的人，即 ἀλλόγλωσσοι。希罗多德对波斯人也这样措辞。诚然，在希罗多德著作中的其他若干地方，希腊人和外方人对比，"外方人"一词常常有轻蔑的意义；但是我们应当记得，希罗多德生活在伯罗奔半岛战争的时代，而且在雅典人的包围之中；在那里，对波斯民族的胜利，经常被用来进行"沙文主义"思想的宣传。

实际上，在波斯人进攻希腊领土之后，在希腊人中间不可能不出现对民族统一和被侮辱的民族情感的认识。在埃斯库罗斯的《乞援人》（The Suppliants）当中，便有一个异邦（埃及的）国王，他到希腊来是为了带走自由的希腊姑娘，从而破坏希腊的法律。"希腊的土地听到了外方人的（καρβᾶνα）言语。"（行 118）国王佩拉斯戈斯（Pelasgus）向外来的传令官说（行 912 及以下）：

"你侮辱了佩拉斯基人的土地。你是一个外方人（καρβᾶνος ὤν），你过分惹恼了希腊人……首先作为一个外国人，你并没有恰如其分地行动。"把希腊人和外方人对立起来，在这里还带有防御的性质：不能叫外方人嘲弄和欺侮希腊人（正像爱伦堡［Ehrenberg］正确指出的，这里特别仔细地刻画了过去克谢尔克谢斯攻入希腊的事情），不过还没有对他们傲慢的痕迹：任何外国人在任何一个希腊城邦都应当谦逊——外方人也不应例外。

有趣的是，"外方人"一词在这里还没有咒骂的意思。代替它的是一个人们不太习惯而且很快就废弃的词 καρβᾶνος。

诚然，公元前 490 年至前 479 年的事件，不可能不对英勇保卫希腊的参加者产生不可磨灭的印象；他们的世界观也因此传给了他们的后裔。但这里问题不在于种族的区别，而在于希腊人进行的是正义的战争，可能还在于，根据这一战争的体验，他们第一次认识到民主制对专制君主制的优越性。然而从公元前 5 世纪 70 年代起，雅典人开始认识到，无论在军事、政治或是文化意义上，斯巴达都是比波斯人危险得多的敌人。甚至在"沙文主义"思想和偏见很深的欧里庇得斯的著作里，对斯巴达的憎恨也比对波斯的憎恨厉害得多。

因此，把"外方人"和"希腊人"加以对比这一伯罗奔半岛战争时代希腊人的特征，在希波战争之后也具有同样的意义，这一点很可疑。不仅希罗多德，而且村社克利特都认为有必要指出，泰勒斯（Thales）是埃克萨米俄斯（Examyes）的儿子，并且出生于腓尼基。这多半也是事实。泰勒斯甚至对此引以为豪，他指出了自己所由出的古老的腓尼基氏族（拉尔修［Diogenes Laertius］，

《名哲言行录》[Lives of Eminent Philosophers]，卷一，22）。正像大多数古典史家所指出的，毕达哥拉斯（Pythagoras）也是"外方人"出身。① 毕达哥拉斯学派的传统（阿利斯托克谢诺斯）便是这样。从这里我们可以看到，起初人们根本不把出身"外方人"这一点看成是不体面的事情。从希罗多德的观点来看也是这样，"外方人"和"希腊人"只是纯粹文化方面的概念：外方人学会了希腊语并且熟悉了希腊人的风俗习惯之后，就变成希腊人了。

前文刚刚引用的在埃斯库罗斯《乞援人》中自豪地和埃及人对比的那些佩拉斯基人，起初也是纯粹的外方人，尽管他们是雅典人的直系祖先："……属于佩拉斯基人的阿提卡人在他们成为希腊人之后，必定是忘掉了自己的语言而学习了另一种语言"（《原史》，卷一，57）；"……而他们（指希腊人）却从一个弱小的开端成长扩大成一个各民族的集合体，这主要是由于佩拉斯基人和其他许多异邦民族加入了他们的队伍的缘故"（《原史》，卷一，58）。希罗多德认为希腊民族是这样产生的，即在多里斯人的原始希腊部落的基础上，逐渐加入了许多外方人部落（首先是佩拉斯基人）；在熟悉了希腊的语言和风俗习惯之后，他们就渐渐变成希腊人了。②

雅科比（第468栏）公正地指出，希罗多德和任何一个精明的观察者一样，不存任何先入为主的论断和任何民族自负心，甚至在记述外方人的那些和希腊人完全不同的风俗习惯时，都不曾

---

① Clem. Strom., Ⅰ, 62；拉尔修，《名哲言行录》，卷八，1。
② 参见 Myres，前揭书，页182，德译本。

露出任何成见:"他是作为这样一个人来写作的,他深信,在我们可怜的世界里,像善与恶、正直与不正直这样的概念,大多是相对的和假定的"。(希罗多德著作中的相应引文,参见页81)尽管他具有强烈的民族情感,并且在精神上十分重视希腊的自由对东方专制主义的优越性(参见页58及以下),他却丝毫不想用种族差别来解释这一区别,而且从来也没忘记他在外方人那里看到的好东西。他很愿意称颂他们具有特色的法律。他很欣赏波斯人教育孩子的办法,并且使人们相信,由于这种教育,从来没有听说过有任何一个波斯人杀死自己的父亲或是母亲(卷一,136-137)。他报道说,波斯人从来不把第一次犯罪的人处以死刑,而只有在罪过大于功劳的时候,屡教不改的罪犯才被处死。在第一卷第137节,希罗多德指出:"在我看来,这确乎是一项贤明的规定。"在另一个地方,他又记述了巴比伦人和伊里利亚(Illyria)的埃涅提人(Eneti)的一个习惯:把所有已到出嫁年龄的姑娘集合到一个地方,求婚的男子们则围在她们四周,然后把新娘们拍卖给新郎,开头是最漂亮的姑娘以最高的价钱出卖,然后是第二漂亮的,以此类推。当只剩下谁也不愿意买的丑姑娘的时候,则把出售漂亮姑娘所得的钱都交给丑姑娘作为妆奁;这样一来,所有姑娘便都可以嫁出去了(卷一,196)。希罗多德认为这是一个最贤明的风俗。

他还记述了另一个风俗:巴比伦人没有医生,人们把病人带到广场上去,每一个路过的人都必须向他提供意见,最后便会找到一个自己也得过这样的病或是知道有谁得过这样的病而又痊愈的人。希罗多德(卷一,197)认为这是一个极其贤明的风俗。不过,他绝不是盲目称颂外国的一切东西。例如,在同样谈到那些巴比伦人的时候,他提到这样一种风俗:每一个巴比伦妇女,不管多么高贵,一生中必须有一次和她在阿芙洛狄忒(Aphrodite)神殿遇到的陌生人交媾,为此还要取得一个铜钱的报酬。希罗多德认为这个习惯令人十分恶心(卷一,199)。

不过,希罗多德基本上是称赞东方及其智慧的,并且有过于夸大的倾向。在希腊神话历史方面,他永远是宁取"波斯人、腓尼基人和埃及人的报道",而不取希腊诗人的故事。在他看来,东方是一切文化和智慧的摇篮,不仅在希腊人的宗教和哲学学说方面,甚至希腊的日常生活习惯同样如此。他总是不假思索地向往着东方舶来品!

让我们举些例子看吧。诚然,说他宁取埃及历法而不取希腊历法,这完全正当。在第二卷第4节,他写道:

> 埃及人在全人类当中第一个想出了用太阳年来计时的办法,并且把一年分成十二部分。根据他们的说法,他们从星辰得到了这种知识。在我看来,他们计年的办法要比希腊人的高明,因为希腊人每隔一年就要插进去一个闰月才能使季节吻合,但是埃及人把一年分成各有三十天的十二个月,每年之外再加上五天,这样一来,季节的循环就与历法相吻合了。

更不好的是这样一种情况,即当希罗多德引用埃及祭司的话时,他还报道说,仿佛希腊人知道奥林匹亚十二主神也是由于埃及人的缘故;仿佛埃及人最先给神设置祭坛、神像、神殿,并开始在石头上刻像。希罗多德又说："在大多数情形下，他们（译按：指埃及祭司）都是用事实证明给我，他们所讲的话都属实。"（卷二，4）

在希罗多德看来，甚至对赫拉克勒斯的崇拜也起源于埃及：

> 实际上，赫拉克勒斯这个名字不是埃及人从希腊人那里得来的，而毋宁说是希腊人——把赫拉克勒斯这个名字给予**安斐特吕翁**（Amphitryon）之子的那些希腊人——从埃及人那里取得了这个名字；这件事我其实可以提出许多证据，而在这些证据中，特别可以提出这样一个事实，即赫拉克勒斯的双亲安斐特吕翁和阿尔刻美娜（Alcmena）都出生于埃及。（卷二，43）

同样，希罗多德认为下述情况也得到了证实，即狄俄尼索斯崇拜是希腊人从埃及人那里学来的（卷二，49）；几乎所有其他诸神的名字，都或是从埃及，或是从其他外方人那里传到希腊来。"埃及人的这些当地的名字都有意义，而希腊人的名字则都是借来的。"神谕也是从埃及来的：多多纳（Dodona）的神谕和埃及忒拜的神谕相类似。用牺牲进行占卜、全民节日集会、游行、牺牲奉献仪式，仿佛也都是从那里学来的。对此，希罗多德指出："希腊人从他们那里学到了这一切。我认为这有根据，因为埃及的仪式显然非常古老，而希腊的仪式则是不久前才开始有的。"（卷二，58）

希罗多德接着又说，几何学是由于下述原因发明出来的：埃及国王塞索斯特里斯（Sesostris）想重新划分埃及的土地，以便更加平均地征收租税。希罗多德说：

> 我想，正是由于有了这样的做法，埃及才第一次有了量地法（译按：即后来所说的几何学），而希腊人又从那里学到了它。不过波洛斯（译按：日钟）、格诺门（译按：日晷）以及一日分成十二部分，这却是希腊人从巴比伦人那里学来的。（卷二，109）

根据希罗多德的看法，毕达哥拉斯关于灵魂不死的学说，以及关于人的灵魂可以转到其他动物身上去的学说，也是从埃及学来的。在他把希腊的编年和埃及的编年相比较时，他认为希腊的编年是像孩子一样幼稚的东西，因而坚决地选取后者（卷二，142-145）。对手工业者的蔑视态度，仿佛也是希腊人从外方人那里学来的，不过，到底是哪里的外方人却无法断定（卷一，167）。他指出，纪念德墨忒尔（Demeter）的厄琉西斯秘仪，也是达瑙斯（Danaus）的女儿们从埃及带来的（卷二，171）。希罗多德认为，规定每个城邦民必须从事一种手艺的梭伦立法，也是从埃及学来的——这是法老阿玛西斯（Amasis）的立法。希罗多德指出（卷二，177）："雅典人梭伦从埃及那里学到了这条法律，并将之施用于他的邦民中间，他们直到今天还遵守着这条法律，因为这的确是一条很好的法律。"根据希罗多德的意见，盾和兜是希腊人从埃及人那里学来的（卷四，180），而帕拉斯·雅典娜的短衣则是从利比亚人那里学来的。希罗多德认为，甚至在奉献牺牲时妇女们哀哭的风俗都是从那里学来的！希腊的文字是从腓尼基人那里学来的（卷五，58；在这件事上，他的观察是对的）。希罗多德指出，就出身而论，多里斯人的领袖们是真正的埃及人（卷六，53），而珀尔修斯（Perseus）则出身于亚述人（卷六，54）。拉刻岱蒙人埋葬国王的风俗，是从亚细亚的外方人那里学来的；从波斯学来的风俗，是在新国王即位时免缴未纳租税，以及诸如此类的事情（卷六，58、59）。

除去个别例外情况，所有这些说法都没有任何科学价值：不同民族的制度之间的相似，通常是由于有着同样的社会条件，在较少的情况下，是产生于共同的来源。希罗多德的论断非常原始：如果两个民族有同样的风俗，那么就是一个民族从另一个民族那里学来的——不用说，是智力稍差的民族学自智力较高的民族，较年轻的民族学自较古老的民族。在他看来，外方人比希腊人古老和有智慧——这乃是不变的公理——这样一来，差不多希腊所有制度就都是从外方人那里学来的了。

依照希罗多德的意见，问题不仅在于希腊文化是从东方输入的。东方文化的许多光辉成就，均未被希腊人掌握，在这方面，东方继续高于希腊。仿佛属于这类情况的有，比方说：波斯人的国家组织、税收分配制度、波斯的邮道、埃及的历法、埃及的某些法律（世俗的和宗教的），等等。

如果希腊人责怪埃及人，说他们有丑恶和残酷的迷信，那么，原因就在于对历史太不熟悉。例如，他们责怪埃及法老布希里斯，说他吃人，希罗多德却幸灾乐祸地抓住神话的这样一个说法，即犯了杀人之罪的不是布希里斯，而是到埃及来的希腊人墨涅拉奥斯

(Menelaus)。他满意地指出,波斯人这些违反自然的反常行为,仿佛是从希腊人那里学来的;雅典最显贵的家族——戈斐莱安(Gephyraean)家族(弑僭者哈尔摩狄俄斯［Harmodius］和阿里斯托吉通［Aristogeiton］便属于戈斐莱安家族)源自腓尼基人;伊奥尼亚人当中最高贵的人则是异邦妇女所生;而显贵的雅典人伊萨戈拉斯(Isagoras)又是卡里亚人(Carian)出身,等等。①

在希罗多德的精神中,最使人吃惊的矛盾之一是,他把这种广泛的、无所不包的世界主义,和琐屑的、本位主义的"沙文主义"结合在一起。我说的不是全希腊的民族主义,因为在希罗多德的著作中,这种民族主义只带有醉心于希腊文明与民主制度的性质——既然不存在统一的希腊国家,在希罗多德的著作中就不可能有希腊的"沙文主义"。我这里所指的,是希罗多德从幼年时便培养起来的那种地方的、哈利卡尔那索斯的爱国主义。

尽管希罗多德喜欢希腊民主甚于波斯君主政治,他仍然很欣赏克谢尔克谢斯委任的作为哈利卡尔那索斯统治者的阿尔忒米西娅(她参加过对希腊人的斗争),并且对她赞扬有加。

哈利卡尔那索斯是小亚细亚多里斯人的城邦之一,但是它的

---

① 法西斯作家贝尔维对于这些事实非常伤脑筋。如果说他还愿意容忍这样一件事实,即希罗多德非常尊敬波斯人,因为波斯人 nach Rasse und Art 是雅利安人(Griech,Geschichte,Ⅰ,217),虽然他们生活在闪人中间,已经失去原来的本性。那么,使他不能理解的是,希罗多德对其他外方人也十分向往。从贝尔维的观点来看,产生这些情况的理由是:小亚细亚的希腊人(希罗多德就是这样的希腊人)由于通婚和闪人的包围,已经变成亚细亚人——希腊大陆居民就这样看待他们;他们对亚细亚风俗习惯的崇拜,也可以这样来解释。

居民很混杂：有许多卡里亚人，但更多的是多里斯人和"外方人"（卡里亚人）结婚后生的人。希罗多德本人就属于后一类。

卡里亚人和多里斯人得到希罗多德的特殊同情，这一点不足为奇。用他的话说，早在米诺斯（Minos）统治克里特（Crete）和所有海上民族的时代，卡里亚人就是"一切民族当中最重要的"，而且只有他们不向米诺斯纳贡。卡里亚人把三件东西教给了希腊人：用羽毛装饰头盔、盾牌上装饰纹章和在盾牌上安把柄。卡里亚人是最古老的部落，是小亚细亚的原始居民（卷一，171）。在记述波斯战争时，卡里亚人被算到小亚细亚的希腊人当中，并且和其他外方人分开来（卷八，19；卷一，22，2）。伊奥尼亚妇女所穿的衣服，其实并不是伊奥尼亚自己的，而是从卡里亚人那里学来的。

对多里斯人的部落，希罗多德也同样尊敬。他着重指出，阿尔忒米西娅统治的一切城邦都住有多里斯人的部落（卷七，100）。根据希罗多德的意见，多里斯人是唯一的纯希腊部落，而伊奥尼亚人则源于讲异邦语的佩拉斯基人（卷一，56-57）。

对于和多里斯人的领导者即斯巴达人进行斗争的雅典人——即在伊奥尼亚人当中占主导地位的部落——来说，这种看法未必令人愉快。从梭伦和庇西斯特拉图斯时起，雅典的宣传便是力图证明伊奥尼亚人的祖先直接生自阿提卡的土壤，他们是最古老的希腊部落，是神话中的厄瑞克忒乌斯（Erechtheus）的后裔。和土著雅典人与伊奥尼亚人相反，多里斯人——就他们自身的说法来看——是后来迁来的。至于小亚细亚的伊奥尼亚人，根据这一理论，是来自雅典的移民。因此，按照梭伦的说法，雅典乃是伊奥尼亚最古老的土地（πρεσβυτάτη γαῖα Ἰαονίας）。可是希罗多德却要人们相信，伊奥尼亚人从远古的时候起，在整个希腊是最无足轻重的部落（卷一，143）。诚然，他又附加说"雅典是例外"，但这显然是为了讨好雅典人才加进去的（雅科比，第211栏）。希罗多德下面的话也纯粹是多里斯人的捏造：

> 因之雅典人和其他地方的伊奥尼亚人，都不喜欢被人称为伊奥尼亚人，而是回避这个名称，甚至现在，在我看来，他们的大部分人还是耻于用这个名称。①

希罗多德甚至要人们相信，仿佛克莱斯忒涅为了这一点，竟给雅典部族起了新名字，以便使他们不再有和伊奥尼亚人相同的部族。

诚然，即使在这里，希罗多德也做了一个小小的修正，他报道说，伊奥尼亚各城邦中的上层显贵认为自己出身于"雅典的市会堂"。不过，就是在这种情况下，他好像对雅典的舆论做了让步，但是却采取了十分小心谨慎的方式：由于使用了 νομίζοντες ［按照习惯承认］这个说法，这样他便推卸了肯定伊奥尼亚人的责任。此外，在这里他还附加说，关于伊奥尼亚人的纯正血统的故事，无论如何不能相信，因为伊奥尼亚人长时期和其他希腊部落混合，也和当地的异邦妇女混合。总而言之，"如果硬说这些伊奥尼亚人比其他希腊人更纯正，或是出身更高贵（τι μᾶλλον ἤ κάλλιον），那

---

① οἱ μέν νυν ἄλλοι Ἴωνες καὶ οἱ Ἀθηναῖοι ἔφυγον τὸ οὔνομα(sc. τὸ τῶν Ἰώνων), οὐ βουλόμενοι Ἴωνες κεκλῆσθαι. ἀλλὰ καὶ νῦν φαίνονταί μοι οἱ πολλοὶ. αὐτῶν ἐπαισχύνεσθαι τῷ οὐνόματι.

将会是十分荒谬的事情（*μωρίη πολλή*）"。

对斯巴达的组织、以及对斯巴达社会制度的称颂（这一点下面我们还要谈到），同样也是在讨好哈利卡尔那索斯的多里斯人。

这样看来，希罗多德在民族问题上的观点，一方面和雅典的各种政治倾向关系密切，另一方面则和他从幼年时代起在哈利卡尔那索斯养成的习惯相联系。

现在，我们准备转到希罗多德的政治世界观的问题上去，不过在这之前还应当弄清楚，认为希罗多德是争取泛希腊思想和争取民主制度的斗士的想法，是从什么地方产生出来的。

在希罗多德的著作中，有两个地方可以作为这样评价他的基础。这两个地方都是对话，而且是借书中相互争论的人物讲出了对立的、互不相容的观点。其中的一个地方（卷七，102）记述了国王克谢尔克谢斯如何把前斯巴达国王德玛拉托斯（Demaratus）召来（德玛拉托斯被他的城邦民不公正地侮辱和驱逐）。克谢尔克谢斯要他毫无顾虑地真心说，他是不是认为人数很少的贫困的希腊能够对抗自己那支极为强大的军队。不管德玛拉托斯如何憎恨自己的城邦民，他却不能不这样回答：

"……希腊的国土一直贫穷，但是由于智慧和强力的法律（*καὶ νόμου ἰσχυροῦ*），希腊人自己却得到了勇气；希腊利用这勇气，驱除了贫困和暴政（*τὴν δεσποσύνην*）。对于居住在多里斯的全体希腊人，我赞赏他们，不过我不打算一一谈到他们，而只谈一谈拉刻岱蒙人。关于他们，我要说的是，首先，他们绝不会接受你那些等于使希腊人变为奴隶的条件；其次，纵使所有其余的希腊人都站到你这一面来，他们也会对你进行抵抗。至于他们的人数，你无须问我会那样做的人有多少，一千人也好，比一千人或多或少也好，总之他们的军队一定要与你作战。"

克谢尔克谢斯听到这话之后笑了，他说："德玛拉托斯，你讲的这是什么话！一千人竟然敢和我这样一支大军作战！……一千人、一万人甚至五万人也好，如果他们都同样自由，而不是在一个人的统制之下，他们怎么能够抵抗我这样的一支大军？假使你们希腊人有五千人，那我们比他们每一个人还要多一千人。因为，倘若他们按照我们的习惯由一个人来统治，他们就会由于害怕这个人而表现出超乎本性的勇敢，并且在鞭笞的威逼之下可以在战场上以寡敌众；可是，当他们都被放任而得到自由的时候，他们便都做不到这些事情了。在我个人看来，纵令希腊人的人数和波斯人相等，他们和波斯人单独作战也不会是波斯人的对手……"

……德玛拉托斯听了这话之后，回答说："……他们（译按：指拉刻岱蒙人）虽然自由，但并不是在任何事情上都自由。他们受着法律的统治，他们对法律的畏惧甚于你的臣民对你的畏惧……"

上面是希罗多德著作中著名的一节，我们的教科书根据这一节引申出一种说法，仿佛波斯人在鞭子的逼迫之下才参加了战斗，而希腊人参加战斗则是带着拯救祖国的热情。但是必须指出，当克谢尔克谢斯谈到用鞭子赶着去参加战斗的人们时,他指的不是波斯人,而是他们的联盟者;在上面我们省略的地方,克谢尔克谢斯便着重指出,他的近卫军中的每一个人在战斗中可以战胜两三个希腊人。

这不仅仅是克谢尔克谢斯的意见,也是希罗多德本人的意见。在第九卷第59-62节记述普拉泰亚战役时,他曾把波斯的联盟者和波斯人本身做了对比,他说:

> 异邦军其他部队将领看到波斯人出发追击希腊人,便立刻同样举起各自的军旗尽快开始追击,但这些部队在出发追击之际,既不曾整顿队伍的秩序,也不曾按照原来的部署。这样,他们就乱成一团并高声呼啸着开始攻击;好像他们追上之后,就可以把希腊人一网打尽似的。
>
> ……
>
> 原来异邦军抓住了对方(译按:指希腊战士)的长枪,并把它们折断。**波斯人论勇气和力量都不差,但是他们没有防护的武装,此外,他们的训练不够,战斗技术到底比不上他们的对手**;他们总是或单个、或十个一群、或更多或更少的人一群冲出来,杀到斯巴达人中间,结果就都死在那里了。
>
> (强调由引者所加)

在希罗多德看来,萨拉米斯战役波斯人失败的原因,不在于希腊人是为自由而战,而波斯人是在鞭子的笞打下行进,乃是在于希腊战术方面的优越性(卷八,86):

> 原来，希腊人是秩序井然地列队作战，异邦军这时却陷于混乱，行动时毫无任何确定的计划，因而他们遭遇到实际发生的这样一个结果是很自然的事情。

这样看来，希罗多德并不否认波斯人的勇敢，而且这里所引的第一段引文里，他还把他们说成是英雄。我们还要指出，在希腊人当中，他认为最勇敢的是多里斯人。

然而，可能希罗多德认为民主思想仅仅是希腊人固有的，波斯是专制制度占统治地位的国家，那里的全体臣民毫无异议地接受专制制度。是不是这样呢？

如果我们在希罗多德著作里找到这样的看法，那也是自然而然的事情。但是，尽管如此，我们在他的著作中甚至连这样的看法都找不到。从一方面来说，民主制度不是什么从远古以来便为希腊人所固有的东西，甚至雅典人都是不久之前才摆脱了僭主的桎梏，但是这一点却使他们能够在公元前508年战胜了波伊俄提阿人和卡尔启斯人（Chalcidians）；在第五卷第78节，他指出：

> 雅典人的实力就这样强大起来。不止一个例子，许多例子都证明，平等本身是一件绝好的事情。因为在僭主的统治下，雅典人在战争中并不比他们的任何邻人高明，可是一旦他们摆脱了僭主的桎梏，他们就远远超越了他们的邻人。因而这一点表明，当他们受压迫的时候，就好像为主人做工的人一样，他们宁肯做个怯懦鬼，但是当他们获得解放，每一个人就都是尽心竭力为自己做事情了。

希罗多德的世界观　75

从另一方面来说，希罗多德坚持说，就是在波斯也有以下三种政治派别：君主派、寡头派和民主派，而且三派之间也进行着激烈的理论争辩。在杀死僭位者伪司美尔迪斯（Smerdis）之后，必须确立稳固的波斯政治制度，我们在希罗多德的著作中看到了这样的论辩（卷三，80 - 82）。赞成民主制度的是欧塔涅斯（Otanes），赞成寡头政体的是美伽比佐斯（Megabyzus），而赞成君主制度的是大流士。欧塔涅斯说：

> 我以为我们必须停止一个人的独裁统治，因为这既不是一件快活事，又不是一件好事。你们已经看到冈比西斯骄傲自满到什么程度，你们也尝过玛哥斯僧旁若无人的滋味。当一个人愿意怎样便怎样、而自己对所做的事又可以毫不负责的时候，这种独裁统治又有什么好处呢？把这种权力给世界上最优秀的人，他也会脱离正常心情。他具有的特权让他妄自尊大，而人们的嫉妒心又是一件很自然的事情。这双重的原因便是在他身上产生一切恶事的根源；他之所以做出许多恶事，有些是由于骄傲自满，有些则是由于嫉妒。本来，一个具有独裁权力的君主，既然可以随心所欲得到一切，应当不会嫉妒任何人；但是在他和邦民打交道时，情况却恰恰相反。他嫉妒他的臣民中最有道德的人，希望他们快死，却欢迎那些最下贱卑劣的人；并且比任何人都更愿意听信谗言……他把父祖相传的大法任意改变，他强奸妇女，他可以把人民不加审判而任意诛杀。不过，相反，人民统治的优点首先在于它最美好的声名，那就是，在法律面前人人平等（ἰσονομίη）。其次，不会产生一个国王所易

犯的任何错误。一切职位都抽签决定，任职的人对他们任上所做的一切负责，而一切意见均交由人民大众加以裁决。因此我的意见是，我们废掉独裁政治并增加人民的权力，因为一切事情必须取决于公众。

但是，美伽比佐斯在自己的发言中，却对民主制度十分厌恶：

> 我同意欧塔涅斯所说的反对一个人统治的全部意见。但是当他主张要把权力给予民众的时候，他的见解便不是最好的。没有比不好对付的群众更愚蠢和横暴无礼的了。把我们自己从一个暴君的横暴无礼的统治之下拯救出来，却又用它来换取那肆无忌惮的人民大众的专擅，那是不能容忍的事情。不管暴君做什么事情，他还是清楚知道这件事才做的；但是人民大众连这一点都做不到，完全是盲目的；你想，民众既然不知道，也不能看到什么是最好的和最妥当的……他们怎么能懂得他们所做的是什么呢？只有希望波斯会变坏的人才拥护民治；还是让我们选一批最优秀的人，把政权交给他们吧。

最后，大流士做了总结，他拥护君主制度的原则。根据他的意见，民主制度、寡头政体和君主政体，都可以既是不好的又是好的。因此应当这样问：最好的民主制度、最好的寡头政体和最好的君主政体三者比较起来，哪种更好一些？如果君主是最优秀的人，则便足以使他能完美无瑕地统治全国。他既然是一个人，那他便没有义务就自己的计划和他人交换意见，因此也便无须害怕国家秘密会叫敌人知道，而在民主制度和寡头政体的情况下，这样的事情往往会发生。最后，任何其他统治方式到头来都会导向君主政体。寡头之间的斗争会引起血腥的内讧，直到一个君主出来把内讧终结为止。在民主制度下，不可能没有罪恶和奸诈的人物出来，他们暗地里狼狈为奸，干着叛国的勾当，为着自己的利益危害国家，直到有一个专制君主出来，把这样的丑行一扫而光。①

可不可以由此得出结论，希罗多德是一个无条件拥护民主制度的人？他本人在另一个地方回答了这个问题。在他叙述斯巴达人拒绝帮助为争取自由而起义反对波斯人的小亚细亚希腊人，以及拒绝帮助雅典民主城邦的时候，他得出结论说（卷五，97）："看来……欺骗许多人比欺骗一个人要容易些。"

不过，我们无须走得这样远。在第三卷第83节，希罗多德这样总结欧塔涅斯、美伽比佐斯和大流士之间的争论：

> 在判断上述三种意见时，七个人里有四个人赞成最后那种看法。这样一来，想使每个波斯人具有平等权利的欧塔涅斯的意见就失败了。

显而易见，根据希罗多德的意见，他本来无须反驳大流士的看法。

如果我们好好考虑一下上面所引的希罗多德著作中有关"民主"的话，我们便会看到，在这些地方没有任何独创的见解：希

---

① 上面我们已经指出，我们没有任何根据认为，希罗多德放到大流士嘴里的这个发言代表的是他自己的意见：希罗多德著作中大流士的发言和纳克喜－鲁斯塔姆铭文之间的相似，完全是一种互不相干的偶然。

罗多德只不过重复了民主制度基本信念中不可分割的部分而已。

雅科比已经基本上指出了这一点（第357栏）。

> 希罗多德并不先验地（a priori）相信民主观点的正确性——他是贵族集团出身……决不能把欧塔涅斯称颂民主制度的话（卷三，80）看成是希罗多德自己的观点。不错，他歌颂（卷五，78；见上）阿提卡的"言论自由"（*ἰσηγορίη*），但这些话是在以雅典文献为史料的章节里讲的。要看他对于民主制度的评价，具有决定意义的是这样的意见，即"看来，真好像欺骗许多人比欺骗一个人要容易些"（卷五，97，2）。在雅典，希罗多德并不是一个"民主主义者"，而只是"伯利克勒斯的一个信徒"。

雅典流行的民主思想，在公元前480年至前479年对波斯人取得辉煌胜利以后得到了新的养料，而且这些思想几乎用同样的话表现在埃斯库罗斯的作品里，他是希波战争最著名的参加者之一，而且是最受欢迎的雅典诗人。埃斯库罗斯并不认为自由是雅典人民的某种专利品，由他们的各种民族品德所决定。恰恰相反，他认为波斯的专制政体是降临到波斯人身上的不幸，并且时时刻刻期待着在亚细亚也发生由欧塔涅斯一类人物领导的民主政变。波斯长老们组成的合唱队在听到波斯大军战败的消息时唱道：

> 在富庶的亚细亚
> 波斯人已经丧失自己的政权。

被统治的人们,
不再向统治者纳贡。
人们不再匍匐在地上
战栗:统治者的权力
永远溃灭了。
沉重的锁链
从人的嘴上解下来,在人民中间,
听到了自由的言语——
紧紧的枷锁被打碎了。(《波斯人》,行 584–594)

区别仅仅在于,在埃斯库罗斯的时代,人们还期望着波斯从专制统治下求得解放,并且梦想着这一点。在希罗多德的时代,人们已经可以谈到这一点,但只不过是作为一个未能成功的企图罢了。不过,希罗多德认为重要的是要读者相信,他所说的是波斯的民主思潮;在他著作的另一个地方(卷六,43),在谈到玛尔多纽斯的改革时,他认为这些改革是欧塔涅斯政策的继续。他指出,在这些改革里,有某种事实可以"使不相信七人当中的欧塔涅斯的那些希腊人大吃一惊——他曾宣布波斯最好的统治形式应当是民主政体"。

当然,在这一情况下,我们有理由怀疑希罗多德报道的正确性:关于波斯人争论国家制度问题的报道,毫无疑问,是某一位希腊化的波斯作家或伊奥尼亚作家的捏造,希罗多德却信以为真(可能是受到了埃斯库罗斯《波斯人》的影响)。

埃斯库罗斯的剧作,还对希腊人战胜波斯人做了解释,理由是民主制度比君主制度优越。

> 阿托撒
> 谁是大军的统帅,他们的统治者是谁?
>
> 歌　队
> 他们不是主人的奴隶,他们不属于任何人。
>
> 阿托撒
> 他们如何能在战斗中击退敌人的猛烈进攻?
>
> 歌　队
> 大流士的大军都给他们打垮了。(《波斯人》,行 241 – 244)

君主制度只有利于波斯的一些统治者。阿托撒说(行 211 及以下):

> 你们要知道:如果
> 运气好的话,我儿会成为一个大人物。
> 如果运气不好,
> 任何人也不会管着他
> 他仍然会进行专断的统治。

不过剧本的悲剧性讽刺的正是这一点。

和希罗多德一样,埃斯库罗斯也没有任何民族虚荣心。根据他的意见,希腊人之所以能够战胜波斯人,并不是由于希腊人有什么特殊的优点,而是在于克谢尔克谢斯的肆心(ὕβρις)引起了诸神的愤怒。当公正的大流士统治波斯的时候,波斯享受的是太平无事之福。

> 他从来不使仆从和朋友进行血腥的厮杀,①
> 大流士有爱神者之名,
> 大流士作为爱神者而活着,
> 他这个幸福的国王引导大军走向胜利。(《波斯人》,行652–656)

在行556,大流士被称为"城邦民毋庸置疑的领袖";在行855,大流士被称为"在各方面完美无缺,从来不做恶事,百战百胜的神一样的国王"。②

按照埃斯库罗斯的意见,克谢尔克谢斯的肆心表现在什么上面呢?埃斯库罗斯把当时所知道的全部文明世界拟人化为两个亲生姊妹:亚细亚和欧罗巴。亚细亚穿着波斯人的服装,欧罗巴穿着多里斯人的服装。她们俩是:

---

① 顺便指出,埃斯库罗斯显然和他同时代的希罗多德看法不同,他并不认为马拉松战役具有决定性作用;在他看来,大流士在整个当政时期里没有失败过。

② Ehrenberg 也着重地指出了这一点(V. Ehrenberg,《东方与西方》[Ost und West],Prag,1935,页136),但他认为大流士和克谢尔克谢斯的对比,还寓意了希腊社会老一代和新一代斗争的画面。

> 比人间一切妇女身材高大,
> 姿容美丽的一对亲生姊妹。
> 一个抽签选了希腊做故乡,
> 一个却得到了外方人的国土。(《波斯人》,行 184–187)

这样一来,亚细亚和欧罗巴既是亲生姊妹,她们就没有理由互相作战,而是应当和睦地生活在一起。她们不应有什么争端,因为神签使波斯人统治亚细亚(根据希罗多德习用的概念,埃及也属于亚细亚),而把欧罗巴的统治权交给斯巴达人(多里斯人)。但是克谢尔克谢斯却破坏了这一公正的秩序,想用暴力把欧罗巴也收归自己的统驭之下:

> 我的儿子
> 制服了两姊妹,把她们驾到
> 自己的车子上,给她们的脖子安上了轭。
> 一个穿着奴隶的服装高傲地行进,
> 她的嘴驯服地随着缰绳的摆布。
> 另一个却用后腿直立起来,用前腿把车子
> 捣成碎片,挣裂了轭,
> 并且没有缰衔,不受约束地横冲直撞。
> 我的儿子给摔得粉碎⋯⋯(《波斯人》,行 189–197)

这样看来,波斯国王的罪过仅仅在于,他不想满足于神给他的亚细亚,由于自己的肆心,竟至于连欧罗巴也想夺取过来。同

时，我们并没有忘记，希腊在小亚细亚沿岸的殖民地是在亚细亚，因此它们便是国王自古以来享有的世袭地了；这就是说，小亚细亚希腊人的起义，也是罪恶的肆心行为。

希罗多德也完全站在埃斯库罗斯的观点之上。在他看来，亚细亚应当属于波斯人，而欧罗巴应当属于希腊人，这是不言而喻的事情。在第一卷第 4 节，他写道：

> 在他们侵略欧罗巴之先，希腊人就率领着一支军队入寇亚细亚了……自此以后，他们就把希腊人看成自己的仇敌。原来在波斯人看来，亚细亚和在这个地方居住的所有异邦民族都隶属于自己，但他们认为欧罗巴和希腊民族跟他们却是两回事。

在第九卷第 116 节，他又写道："波斯人认为全部亚细亚都属于他们，不论统治他们的是哪一个国王。"

希罗多德认为，世界这样分配是公正的，而破坏这样的分配就是侵略。在另一件事情上，他指出（卷三，21）：

> 如果他（译按：指波斯国王）是个正直的人，那么除了他自己的国土之外，他就不应当再贪求任何其他土地，也不应当再想奴役那些丝毫没有招惹他的人们。

希罗多德拥护紧密团结一切希腊人摧毁波斯王国的泛希腊思想，为了证明这一点，还可以引第八卷第 3 节的一段话。在这段

话里,他说企图夺取海上霸权的雅典人,

> 放弃了他们的要求。他们认为希腊的安全是首要的事情,并且看到,如果他们为领导权而争吵,希腊便一定要垮台。在这一点上,他们看对了。因为**内争不如团结一致对外作战,正如战争不如和平**。

从上面引文中强调部分的诗体格律判断,毫无疑问,这是从某位我们不知道的诗人作品中引用的。然而,能否肯定希罗多德引用这句话,是为了宣传全体希腊人的紧密团结,以便摧毁波斯人的威力呢?我们可以看一看他下面的话:

> 他们(译按:指雅典人)懂得这一点,故而便让步并放弃了自己的要求,然而,如上所述,只是在他们非常需要别人的时候。因为,当他们把波斯国王赶了回去,战争不再是为了他们自己的领土,而是为了他的领土,他们便借口泡萨尼阿斯的横傲,撤销了拉刻岱蒙人的领导权。(卷八,3)

希罗多德的观点看来就是这样。当为了理应属于希腊人的土地打保卫战的时候,希腊人本来就必须充分同心协力,以便不使波斯人夺取到不应属于他们的东西。可是后来,为了夺取"按神签"应属于波斯的土地,他们却开启了掠夺性的战争。现在,每一个人都想把另一个人排挤出去,为自己夺取尽可能多的东西,这一点显而易见。

既然看到在公元前 480 年至前 479 年的战争中，互相不相干的各国只是一时团结起来，以便击退逼临到他们头上的巨大危险，那么，就可以认为希罗多德是正确的。

由此可以清楚地看到，居住在波斯国王世袭土地上的小亚细亚希腊人的起义不能引起希罗多德的丝毫同情。① 我们不要忘记，希罗多德生在哈利卡尔那索斯，这是波斯国王统治下的一个城邦，他在那里过着安宁、富裕的生活。如果说他不得不从那里亡命在外，这完全不是因为波斯统治者的迫害或干扰，而是由于希腊僭主的横暴。正如勒格朗（Legrand）② 正确指出的，"承认居住在非常遥远的一个什么地方的统治者的最高权威，这在他看来并不是什么十分可怕的事情"。根据他的意见，伊奥尼亚人一开始就应当争取居鲁士的好感，就像米利都人过去所做的那样（卷一，141）。居鲁士委托的前来征服他们（译按：弗凯亚人[Phocaians]）的哈尔帕哥斯（Harpagus），向准备谈判的他们提出了十分温和的条件（卷一，164）；在他的著作中，伊奥尼亚起义的领导者阿里斯塔戈拉斯和希斯提埃伊欧斯并没有被描绘成英雄、解放者，而是被描绘成卑鄙龌龊的阴谋家。对被他们领导的起义破坏的小亚细亚的情况，希罗多德绝不是用阴暗的色彩来描绘的；恰恰相反，在叙述到镇压起义的时候，他却指出："在这之后……灾祸的事情……停止"。（卷五，28）在谈到镇压起义的故事的结尾

---

① J. Wells，《希罗多德与雅典》（"Herodotus and Athens"），见 *Classical Philology*, XXIII, 1928, 页 329 及以下。

② Ph. E. Legrand, *De la "Malignité" d' Hérodote*, Mélanges Gustave Glotz, II, Paris, 1932, p. 542.

部分，希罗多德认为有必要描绘萨尔迪斯太守阿尔塔普列涅斯（Artaphrenes）如何在伊奥尼亚施行善意的改革，并迫使相互血腥厮杀的希腊城邦结束一切敌视行动，相互间缔结条约，以便不是用暴力，而是用仲裁法庭解决任何争端（卷六，42）。他还认为有必要描绘玛尔多纽斯如何把僭主逐出希腊城邦，并施行民主制度。

现在我们明白了为什么希罗多德在自己的著作里，把脱离波斯人的希腊人的行为说成是 ἀγνωμοσύνη［妄想、愚顽、轻率］，①为什么他认为希腊人和波斯人之间的战争对希腊人来说是最大不幸；② 三个国王——大流士、克谢尔克谢斯和阿尔托克谢尔克谢斯（Artoxerxes）——的时代，按照他的意见，给希腊带来的不幸，比大流士以前二十代人的不幸还要多；③ 依照他的看法，公元前 500 年斯巴达人拒绝帮助伊奥尼亚人是对的，而雅典人却被伊奥尼亚人欺骗了，因为"看来，真好像欺骗许多人比欺骗一个人要容易些"。④

许多和希罗多德同时代的人，都把希波战争看成纯粹光荣的

---

① 卷六，10：οἱ δὲ Ἴωνες ... ἀγνωμοσύνῃ τε διεχρέωντο καὶ οὐ προσίεντο τὴν προδοσίην。比较卷四，93：οἱ δὲ Γέται ... οὐ σφέας αὐτοὺς παρέδοσαν Δαρείῳ ... πρὸς ἀγνωμοσύνην τραπόμενοι ... ἐδουλώθησαν ... 卷二，172：σοφίη ... οὐκ ἀγνωμοσύνη ... 卷五，83 及其他各处。

② 卷六，97．αὗται δὲ αἱ νῆες "ἀρχὴ κακῶν" ἐγένοντο "Ἕλλησι ..."。

③ 卷六，98：ἐπὶ γὰρ Δαρείου ... καὶ Ξέρξεω ... καὶ Ἀρταξέρξεω ... ἐγένετο πλέω κακὰ τῇ, Ἑλλάδι ἢ ἐπὶ εἴκοσι ἄλλας γενεὰς τὰς πρὸ Δαρείου γενομένας, τὰ μὲν ἀπὸ τῶν Περσέων αὐτῇ γενόμενα, τὰ δὲ ἀπ' αὐτῶν. τῶν κορυφαίων περὶ τῆς ἀρχῆς πολεμεόντων。换句话说，波斯人进攻给希腊人带来的灾害，并不大于主要城邦（τῶν κορυφαίων）雅典和斯巴达之间的斗争给希腊人带来的灾害！

④ 卷五，97：πολλοὺς γὰρ οἶκε εἶναι εὐπετέστερον διαβάλλειν ἢ ἕνα。

特洛亚战争（希腊人第一次和外方人的冲突）的继续。在表示同意这一对比的时候，希罗多德模仿了荷马的说法。根据荷马，把海伦带到特洛亚来的帕里斯（Paris）的船只是"一切灾祸的开始"（ἀρχεκάκους，《伊利亚特》，卷五，行63），希罗多德则把前来帮助伊奥尼亚起义的希腊人的雅典船只视为"一切灾祸的开始"（ἀρχὴ κακῶν）。希罗多德正是从特洛亚战争和希波战争之间的对比得出了机智的结论，即在希腊人和外方人的冲突中，"侵略者"① 是希腊人，因为他们在特洛亚战争中首先攻入亚细亚，也就是他们邻人的领土。

不过，本来至少可以期望，从波斯人进攻希腊开始，希罗多德最后会表现出高度爱国的格调。实际上，在他的著作里，我们的确看到不少具有高度爱国精神的意见。不过，就是在这一桶"蜜"里，我们还会找到使细心的读者心中疑虑并破坏了全部印象的不少"焦油"和辛辣、嘲笑的保留态度。诚然，这些持保留态度的地方，希罗多德只是顺便、偶然地提起；这一点也说明，直到最近，尽管有普鲁塔克揭露，还是几乎没有人注意到这些地方。可以认为，带着著作中写好的部分来到雅典的希罗多德，曾接受了一项正式任务，那就是从远古开始，依次叙述希腊人和波斯人之间历次冲突（它们的最高峰是希波战争）的历史图画，同时要表现出希腊人的英勇和崇高首先是雅典人民的英勇和崇高；要表现出雅典在希波战争中所起的巨大作用；要表现出他们进行

---

① 卷一，4：Ἕλληνας δὴ μεγάλως αἰτίους γενέσθαι προτέρους γὰρ ἄρξαι στρατεύεσθαι ἐς τὴν Ἀσίην ἢ σφέας ἐς τὴν Εὐρώπην ... ἀπὸ τούτων αἰεὶ ἡγήσασθαι τὸ Ἑλληνικὸν σφίσι εἶναι πολέμιον.

的战争的正义性和他们对波斯人的优越性。

希罗多德执行了对他的这个委托。他在第七卷第139节的一段话，特别能够说明问题：

> 在这里，我不得不发表自己的一个见解，虽然大多数人不会喜欢这个见解。可是，如果在我看来是真实的见解，那我决不能把它放在心里不讲出来。如果雅典人因逼临到头上的危险而惊惶万状，从而离弃他们自己的国家，或者他们虽不离开，却留在那里向克谢尔克谢斯投降的话，那么，就没有任何人想在海上和国王对抗了……虽然伯罗奔半岛人在地峡上修筑了不是一层，而是好几层城壁作为他们的屏障，拉刻岱蒙人的同盟者还是会离开他们，直到最后只剩下他们自己。他们的同盟者离开他们不是自愿如此，而是不得已，因为这些同盟者的城邦一座座地给外方人的水师攻陷了。既然这样被孤立起来，他们就势必得对敌人大战一场并光荣战死。这便是他们会遭到的命运，否则，在他们看到希腊的其他部分都站到敌人一面去的时候，他们也就会和克谢尔克谢斯缔结城下之盟了。上述两种情况不管哪一种发生，希腊都会给波斯人征服……但实际上，如果说雅典人乃是希腊的救主，这便是十分中肯的说法……雅典人既然认为希腊应当继续保有它的自由，他们便激励剩下的没有向波斯人屈服的那部分希腊人，正是他们这些人，遵照诸神的意旨，击退了国王。来自德尔斐并使他们感到恐怖的可怕神谕，也没有打动他们离开希腊，他们坚守自己的国土，鼓起勇气等候侵略他们国土的人们。

可是，希罗多德却完全没有责任把希波战争说成团结一致的希腊人民的最伟大功勋。

希罗多德的著作和关于这些战争的传统本身，使我们有充分理由肯定，在［公元前 5 世纪］50 年代，已经没有任何人持这样的观点，而且一般说来，即使在较早时期，这样的观点通常也具有和埃斯库罗斯剧作中的完全不同的性质。如果这样的观点在希腊人当中不是非常流行，希腊人就不成其为希腊人了。希罗多德谈到拉德（Lade）战役时伊奥尼亚人的行为（即"在随后的海战中，哪些伊奥尼亚人英勇战斗，哪些伊奥尼亚人临阵怯懦，我这部史书说不确实，因为他们都相互推卸责任"），① 这种情况，在论及希波战争时期希腊人的行为时更加确实。很久以来，日益严重的希腊内部矛盾，促使了全部传统的形成，如果可以这样讲的话，则这与其说是要歌颂祖国，毋宁说是要嘲笑和咒骂自己的邻人。"他们这样做，与其说是为了自己，毋宁说是由于嫉妒和憎恨邻人。"② 对于希腊人的这一行为，希罗多德也这样或用类似的方式加以说明。看起来，在雅典，人们最常这样嘲笑和诅咒邻人。在希罗多德到雅典（公元前 445 年左右）的前几年，雅典人和波斯人缔结了和约。曾经迷惑过希罗多德的那个人，在自己的政治鼓动中遵循这样一个原则：即目前和先前一样，

---

① ἐντεῦθεν οὐκ ἔχω ἀτρεκέως συγγράψαι οἵτινες τῶν Ἰώνων ἐγίνοντο ἄνδρες κακοὶ ἢ ἀγαθοὶ ἐν τῇ ναυμαχίῃ ταύτῃ· ἀλλήλους γὰρ καταιτιῶνται （卷六，14，1）.

② οὐχ ἑαυτῶν οὕτω κηδόμενοι, ὡς φθόνῳ καὶ ἄγῃ τῶν γειτόνων.

主要敌人在希腊本土——伯利克勒斯和他的政党,很久以来就想用最阴暗的色彩描绘斯巴达、科林多、埃吉纳和忒拜的政治行动。就在这个时候,进行了远途旅行的(在大多数的情况下,只有波斯臣民才做得到这一点)小亚细亚希腊人——也就是没有任何沙文主义情绪的人(因为在小亚细亚根本不可能产生这种情绪)——来到了希腊大陆。显而易见,雅典——在雅典是伯利克勒斯集团——是体验真正民族思想的最不适当的地方。①

希罗多德完全接受了公元前445年左右在伯利克勒斯集团中占统治地位的那些观点,并且尽一切可能在自己的著作中宣传这些观点,特别是用一切办法来颂扬雅典。希罗多德的效劳对他们来说无可估价,并且可以相信传统说法,即雅典人慷慨地回报了他。他们可以自豪地引用这样一件事实,即当代最伟大作家之一如何描述了雅典的作用,而且这位城邦民不是伊奥尼亚人,而是和斯巴达人有亲属关系的多里斯的哈利卡尔那索斯人,也就是仿佛受到雅典人压迫的一个城邦的人。② 不过,公开宣传和波斯接近,宣传和斯巴达决裂,不仅仅在雅典之外,就是在雅典本地的温和集团内部,都极其不得人心(上面我们已经说过,在伯罗奔半岛战争时期,奴隶占有制已经大大发展起来,而它的思想基础便是把希腊人和外方人相对立)。雅典反动派领袖修昔底德甚至从阿

---

① Ed. Meyer, *Forschungen*,Ⅱ,第229栏。
② 参见 Jacoby,前揭书,第358栏。

罗佩卡伊转入进攻，并反对（多半是在公元前 443 年之前不久）伯利克勒斯的朋友阿纳克萨戈拉（Anaxagoras），控告他亲波斯（μηδισμός）；① 在这之前不久，大概在公元前 447 年，伯利克勒斯的岳父卡利阿斯（Callias）也被人控告，因为他和波斯缔结了和约。这样的条件下，必须表面上承认民族主义的概念，而私下不知不觉地再偷换雅典的观点。希罗多德在描述同波斯人斗争的人们时，这一点尤其明显。在克谢尔克谢斯入侵时，他这样描写希腊人的情绪（卷七，138）：

> 那些曾向波斯人献出了土和水的人们心里有底，因为他们相信外方人不会加害他们。但是那些拒绝献纳土和水的人们却十分害怕，因为希腊并无足够的船只可以抗击侵略军，而且他们当中大部分都不想作战，而是急于想站到美狄亚人那一面去（μηδιζόντων δὲ προθύμως）。

这毫无疑问是夸大。说得更确实些，希罗多德是把写作时的情况，也就是当时人民中间的激进集团由于憎恨斯巴达而力图和波斯接近的情况，移转到过去：如果在公元前 480 年，站在希腊人方面作战的所有希腊城邦的民众，都"急于想站到美狄亚人那一面去"的话，那么就不可能战胜波斯人。斯巴达的希劳特们同情波斯人，这完全可能，但大多数雅典城邦民毫无疑问愿意誓死

---

① Diog. Laërt., Ⅱ, 12: Ἀναξαγόρας ... Σάτυρος δ' ἐν τοῖς βίοις ὑπὸ Θουκυδίδου φησὶν εἰσαχθῆναι τὴν δίκην, ἀντιπολιτευσαμένου τῷ Περικλεῖ καὶ οὐ μόνον ἀσεβείας, ἀλλὰ καὶ μηδισμοῦ, καὶ ἀπόντα καταδικασθῆναι θανάτῳ.

守卫国土，这一点便决定了他们的胜利。

在希罗多德完成自己的著作时，对雅典人采取敌视态度的那些城邦受到特别的非难。首先，科林多便是这类城邦。公元前459年雅典人夺取麦加拉（Megara）之后，科林多对雅典就特别仇恨（σφοδρόν μῖσος，《战争志》，卷一，103）。科林多领袖阿德曼托斯（Adeimantus）萨拉米斯战役中最受颂扬的英雄人物之一，正像普鲁塔克的著作证明的，阿德曼托斯由于其功业，在墓志铭中被称颂为"从全希腊得到自由之冠的人"。为了纪念这次胜利，他给自己的孩子取名为：纳乌西尼卡（"海战胜利者"）、阿克罗提尼昂（"掳获物中的精选部分"）、阿列克西比亚（"反击方"）和阿里斯铁乌斯（"杰出人物"）。只有光荣的胜利者才能给自己的儿女起这样的名字。①

关于这个阿德曼托斯，希罗多德是如何报道的呢？从希罗多德的话来看，还在阿尔忒米西翁（Artemisium）战役的时候，这个人便表现出懦夫和叛徒的本色——他打算逃回家去，忒米斯托克勒斯竟不得不给了他一大笔贿赂，以便使他留下来。在萨拉米斯战役中，他是忒米斯托克勒斯的主要敌人，并且一再鼓动人们回到伯罗奔半岛。萨拉米斯战役打响时，他仿佛立刻惊恐万分，以致竟把自己船上的帆张起来，赶忙离开了战场。所有其他科林多船只看到统帅的船逃跑，便也随着它逃跑。直到出现诸神派来的神秘小船，船上有人告诉他，说希腊人已经取胜，这才使他回去参加战斗。

---

① 希腊人给儿女起的名字，一般都要表示出双亲的品德或是功业。

除去上面提到的普鲁塔克的著作，其他一些古人也指出这些报道存心不良，如《科林多演说》(*The Corinthian Oration*) 的作者（一般认为是克律索斯托莫斯［Chrysostomos］）和《修昔底德传》的作者玛尔凯里诺斯（Marcellinus）。前者①写道：

> 作家希罗多德到我们的地方来，带来了自己的那些关于希腊人的 λόγοι ［故事］——在其他故事之外，也有关于科林多的故事。那时，在 λόγοι 里还没有捏造的东西。希罗多德要求应对他的这些 λόγοι 付酬。我们没有答应他这一点（因为我们的祖先不认为光荣可以用金钱买到）。于是他便窜改了自己的作品，把关于萨拉米斯战役中阿德曼托斯的那部分插进去了。

玛尔凯里诺斯也这样讲：②"希罗多德为了报复科林多人对他的蔑视，硬说他们在萨拉米斯战役中临阵脱逃。"

不错，希罗多德相当老实地承认，这种说法只是在雅典人中间风传，而科林多人自己并不知道；科林多要人们相信的是，在战斗中他们最英勇。希罗多德还承认，在这个问题上，其余全部希腊人都相信科林多人的说法。但是，毫无疑问，迈耶尔（前揭

---

① ［Djo Chrysost.］, *Corinth.*, p. 456 M.：Ἡρόδοτος ... λόγους φέρων Κορινθίους οὐδέπω ψευδεῖς ... διαμαρτών δὲ (sc. του μισθου) ... μετεσχεύασεν ἐκεῖνα ἃ πάντες ἐπιστάμεθα, τὰ περὶ τὴν Σαλαμῖνα καὶ τὸν Ἀδείμαντον.

② Marcellin, βίος Θουκυδίδου, 27：Ἡρόδοτος ... ὑπεροφθεὶς ὑπὸ Κορινθίων Κορινθίων ἀποδρᾶναί φησιν αὐτόν.

书，卷二，页 204 – 205）下述说法是正确的：他继普鲁塔克之后承认，希罗多德报道这一未经证实的事实，是为了诬蔑雅典人的敌人科林多人，而希罗多德的行动原则就是 semper aliquid haeret［经常咬定一个说法不放］。

即使是一般说法（即如果忒米斯托克勒斯不使用自己著名的巧计，参加萨拉米斯战役的伯罗奔半岛人会惊惶失措地逃跑），从军事角度看，也完全是胡说八道。正如迈耶尔公正地指出的，"萨拉米斯战役经过长期、周密的考虑，由希腊联军的领导着手准备"。许多城邦组成的舰队（如果相信希罗多德的话），如果实际缺乏统一指挥，其中三分之一还打算不战而逃，这样的舰队竟会取得辉煌胜利，而且还是首先发动进攻，无论如何都不能令人相信！埃斯库罗斯也是一个雅典的爱国者，但在他的作品里并没有暗示这一情况的内容。

希罗多德甚至肯定说，除去斯巴达人、雅典人和特该亚人，还有麦加拉人和普里欧斯人（Phlisians）参加了普拉泰亚的战斗（卷九，69），而所有其他城邦都回避作战；至于普拉泰亚的墓标和墓铭，用希罗多德的话说，都是各有关城邦后来伪造的，因为他们对自己在普拉泰亚战役中的卑怯行为感到羞耻。这可能只适用于埃吉纳人（卷九，85）。对其他人来说，这是雅典人的故意捏造。在柏拉图的《拉克斯》（191c）里，我们也可以看到这一类诽谤的例子，在这篇对话里，柏拉图说斯巴达人也差一点从普拉泰亚的战场上溜掉。

比起科林多，忒拜人是雅典更加凶恶的敌人。忒拜人不放过任何突入阿提卡边界并对之加以蹂躏的机会。在希罗多德写作自己的史书之前不久,忒拜人在科洛那亚的一次战役中沉重击败了雅典人。这里,希罗多德有其根据:波伊俄提阿人真把"土和水"给了波斯人(卷七,132)。尽管如此,列昂提亚德斯(Leontiades)领导下的忒拜人和铁斯佩亚人的队伍(卷七,205),还是加入了在温泉关作战的希腊军队。矛盾之处在于,在忒拜掌权的是亲波斯的寡头政党。他们的对手反对屈服于波斯人,因此便违反本邦政府的意旨,自愿参加了斗争。① 可以比较修昔底德著作第三卷第62节忒拜人的发言:

> 我们忒拜人这时的城邦制度,既不是温和的民主制,②也不是极端的民主制。城邦的政权掌握在少数人手里……为了能够在波斯人得胜时进一步巩固自己的政权,他们用武力压制邦民,把敌人召了来。

但是,来到忒拜之后,希罗多德正是和那些在希波战争时期站在波斯一方的人的最后代表和后裔,产生了亲密关系。他到这里来,可能带着波斯高官——或是住在波斯宫廷的前斯巴达国王德玛拉托斯(希波战争时期,忒拜亲波斯派领袖阿塔吉诺斯[Attaginus]③ 是德玛拉托斯的朋友),或是阿塔吉诺斯本人(如果这时他还活着,并住在波斯领土之上的话)——给这些人的推

---

① 修昔底德,《战争志》,卷三,62;普鲁塔克,《阿里斯提德斯传》,18;比较希罗多德《原史》,卷九,16。
② 我用这个词来译 ὀλιγαρχίη ἰσόνομος。
③ 参见普鲁塔克,《论希罗多德的阴险》,31。

荐信。要知道，希罗多德在哈利卡尔那索斯的时候，毫无疑问，他和波斯当局代表人物的关系搞得很好。因而，他和这些集团有联系。希罗多德居留在忒拜时，这些人已经不能公开同情波斯人——这时和斯巴达接近的忒拜极其敌视波斯；他们为了为自己开脱，把希波战争时期支持波斯人的罪过都推到忒拜城邦身上，对他们来说很有利。

从希罗多德的著作我们知道，他是从欧尔科美诺斯的忒尔桑德洛斯（Thersandrus of Orchomenus）那里得到的资料，这个人是忒拜亲波斯党派的著名拥护者，又是普拉泰亚战争时期阿塔吉诺斯的战友（《原史》，卷九，16：''在这件事之后的一切情况，是我从欧尔科美诺斯的忒尔桑德洛斯那里听来的''）。

在希罗多德的著作中，全部传统同样是以这种精神制订出来的。但是，关于有敌视波斯人的集团存在的事实，他却闭口不谈：在他看来，提玛戈尼达斯（Timagenidas）和阿塔吉诺斯不是寡头首脑，而是城邦的主要领袖（卷九，86）。在他的著作中（卷九，87），提玛戈尼达斯本人着重指出：''我们站到美狄亚一方乃是举国一致的意思，而不是我们独自决定的。''① 毫无疑问，这是要和在忒拜占统治地位并保存在修昔底德著作（上引处）中的那个观点论辩，那个观点把全部罪过推到了寡头集团身上。

另外，希罗多德还想给阿塔吉诺斯的孩子们开脱，希罗多德在忒拜时，这些孩子也正在那里，而且他们多半和希罗多德过从甚密。他借着国王泡萨尼阿斯的嘴，在第九卷第 88 节说道：''他

---

① σὺν γὰρ τῷ κοινῷ καὶ ἐμηδίσαμεν οὐδὲ μοῦνοι ἡμεῖς.

(译按：指阿塔吉诺斯）的儿子被捉住，不过泡萨尼阿斯说，他的儿子和投靠美狄亚方面的罪行毫无关系，从而把他们赦免了。"

根据雅科比的假设（前揭书，第415栏），正是和忒拜反对派集团代表人物们的接近，引起忒拜 ἄρχοντες［执政官］对希罗多德的敌视，甚至导致希罗多德的放逐。关于这一点，我们在普鲁塔克的论辩著作中可以看到。①

希罗多德对忒拜人报以同样的态度。他用一切办法强调和宣扬忒拜人的亲波斯作风（卷九，40）："十分热心地站到美狄亚人一方的忒拜人则拼命想接战，他们不断把战争推进到真正动手的程度。"至于站在波斯人一方作战的忒拜人列昂提亚德斯和他的军队，用希罗多德的话来说，国王列昂提亚德斯和斯巴达人来到忒拜之后便占领了它，俘获它的城邦民作人质，并用强力迫使他们对波斯人作战。战斗的时候，忒拜人转到波斯人一方，但是克谢尔克谢斯反感他们，下令给他们所有人——首先是列昂提亚德斯——打上烙印，然后把他们遣送回希腊军队。普鲁塔克公正地指出，这一诬蔑十分荒谬；除了希罗多德，任何人在过去任何时候都没有听说过这样的事情。

帖撒利亚人也站在波斯一方。但是希罗多德对他们的态度，和他对波伊俄提阿人的态度不同，他认为必须为他们辩护。他指出，在帖撒利亚，站在波斯人一方的只有贵族，而不是邦民；他说帖撒利亚人曾经请求援助，当他们遭到拒绝的时候，他们才迫

---

① 希罗多德与忒拜：Macan, IX, 40 注；Lenschau. Berl. phil. Wochenschrift, 1912, 页 562 以下；Jacoby, 前揭书, 第 415 栏。

不得已站到波斯人一方。正像迈耶尔公正地指出的（前揭书，页211），在希罗多德的时代，帖撒利亚的贵族敌视雅典；在公元前457年的塔纳格拉（Tanagra）战役中，他们出卖了雅典人；恰恰相反，这里的群众却同情雅典人。① 希罗多德把他当时的政治情况转移到了过去。

希罗多德对斯巴达在希波战争中作用的看法，更使人感兴趣。我们已经看到，他在自己的著作里并不是主要偏向雅典人，而是偏向其他希腊人；他想打消这些人心中对雅典人的偏见。在这里，斯巴达人和多里斯人一般享有巨大威信，他们的城邦制度又被视为典型。希罗多德支持这些看法（我们不要忘记，他自己是多里斯的哈利卡尔那索斯的爱国者）。不过为了讨好雅典人，他并不放过暗中破坏斯巴达人威信的机会。他稍稍带着讽刺的口吻谈他们，在许多地方暗中攻击他们。斯巴达人由于"宗教上的虔敬"没有及时赶到马拉松；在温泉关，他们一共只派出三百人，因为所有其余军队必须庆祝卡尔奈亚节（Carneian festival，卷七，203-206）。在公元前479年年初，斯巴达人不进入波伊俄提阿，却忙着在地峡上修工事；雅典人因为他们竟不得不第二次抛弃自己的祖国（卷八，40）；而这一次，出兵又耽搁了，因为战士们要参加叙阿琴提亚节（festival of Hyacinthus，卷八，132，卷九，7-11）；在普拉泰亚战役的时候，雅典人表现了巨大的警觉性，因为"他们很清楚拉刻岱蒙人的作风，即心里打算做的和嘴里说的不一致"（卷九，54）。这样，斯巴达人的主要自豪之处就在于，他们在一

---

① 修昔底德，《战争志》，卷四，78；比较卷二，22。

切希腊城邦中消灭了暴政,但也正是他们试图把希琵阿斯(Hippias)安置到雅典的王位上去。如果说他们未能做到这一点,则是因为有人阻止他们这样做:不是别人,正是斯巴达人试图把全部伊奥尼亚人赶出亚细亚,并把他们移居到欧罗巴。① 最后,希罗多德(卷八,141)以一种隐蔽的方式报道一个神谕,根据这个神谕,多里斯人应该被波斯人和雅典人驱出伯罗奔半岛。迈耶尔指出:Das sieht auch sehr nach athenischer Mache aus〔在雅典的势力看来也同样如此〕(前揭书,页206)。

可能,在希罗多德的作品中,最足以引起我们注意的,是他对阿尔戈斯的态度。在伯罗奔半岛,阿尔戈斯是斯巴达的主要竞争者,在希罗多德居留雅典时,雅典政府对和这个城邦缔结同盟寄以巨大期望。在这个时候,对阿尔戈斯的任何诬蔑,外交上都会是一种巨大的失策。为了雅典的利益,希罗多德用一切办法为阿尔戈斯辩护。不过,这是一件困难的事情,因为在希波战争时期以及在这之后,阿尔戈斯人都热心拥护波斯人。希罗多德光荣地完成了这个任务。他完全而且不加改变地传达了阿尔戈斯人本身带有一定倾向的故事:他们不参加战斗,是因为德尔斐神谕禁止他们这样做(如果考虑到德尔斐神托所的亲波斯方针,这一情况完全可能)。他们没有参加对波斯人的战斗,还因为斯巴达人不

---

① 卷九,106,Ed. Meyer 在上引著作第 217 页注释 1 中说:

希罗多德想拿这样一件事训诫伊奥尼亚人,要他们知道,不仅是自由,就是他们住在自己的祖国这件事,都要归功于什么人;他们指望得到斯巴达的帮助是何等愚蠢。

愿意和他们分享伯罗奔半岛联盟的领导权。最后，他们没有参加斗争还因为波斯王室仿佛是出身阿尔戈斯：波斯国王的始祖珀尔瑟斯（Perses）是阿尔戈斯英雄珀尔修斯的儿子。因此，波斯国王便把一个特殊的使团派到他们这里来，对他们说，他将不触动阿尔戈斯人，如果阿尔戈斯人保持中立的话。"阿尔戈斯人并没有不理会这个建议，但同时，却没有向希腊人做任何保证，也没有向他们提任何要求。"

希罗多德把一切可以为阿尔戈斯人辩解的说法都收集起来了，甚至不管他们是否自相矛盾。这样，他就满足了雅典政府的愿望，不过，为了使自己良心稍安，他又附加道：

> 克谢尔克谢斯是不是真派一个使者带着上述话到阿尔戈斯去，阿尔戈斯的使节是不是到苏萨（Susa）向阿尔托克谢尔克谢斯探询有关他们之间友谊的事情，我说不确实。而且除去阿尔戈斯人自己所说的话，现在我不发表什么见解。不过，我深知一点：如果所有人都把他们自己的灾祸带到一个共同集会的地方，想和邻人的灾祸交换，只要他对别人的灾祸仔细观察以后，他一定会高高兴兴把他自己带来的灾祸仍然带回家。这样看来，阿尔戈斯人的行动便不能说最卑劣。至于我本人，我的职责是把我所听到的一切记录下来，虽然我并没有任何义务相信每一件事情；对于我的全部史述来说，这个说法都适用。原来的确还流行着另外一种说法。根据这种说法，好像是阿尔戈斯人把波斯人邀请到希腊来的，因为在阿尔戈斯人对拉刻岱蒙人作战失败之后，和他们当前所陷

入的痛苦处境比起来，没有一件事不是他们所期望的了。（卷七，152）

此外，希罗多德还补充说，当阿尔戈斯的使团来到苏萨之后，国王阿尔托克谢尔克谢斯立刻认出他们是老朋友，并且对他们说，"他认为这友谊实际上没有改变，任何城邦对他来说都不能比阿尔戈斯更亲密"（卷七，151）。在另外一个地方（卷九，12），希罗多德报道说，在公元前479年，"阿尔戈斯人……答应玛尔多纽斯说，他们要阻止斯巴达出兵作战"，当泡萨尼阿斯仍然出兵的时候，他们便"把他们所能物色到的最快的远途信使，作为他们的使者派到阿提卡去"，把这件事告诉玛尔多纽斯，并抱歉地说他们"未能阻止他们（译按：指斯巴达人）这样做"。最后，希罗多德（卷八，73）直截了当说出了自己对阿尔戈斯行动的看法：

> 除去我上面所说的城邦，所有城邦都采取旁观的中立立场。如果我随便讲话，这样一来，那些城邦就站到敌人一面去了。①

希罗多德在自己的著作中遵从雅典人的政策，并不是由于贪欲，而是因为他全心全意同情他们的政策。每当该政策和他的宗

---

① 不应该有下面的想法：这些意见符合统治集团的政治意图，他们不满于公元前451年喀蒙返回后阿尔戈斯与斯巴达重新缔盟这件事。公元前455年和约的条款表明，雅典政权设法和阿尔戈斯接近，因此，未必认为对它的任何攻击都适当。

教感情（对德尔斐的虔诚）或道德观点（阿尔戈斯）相抵触时，他便寻求一些办法，使读者了解他本人真正的观点。

对于希罗多德对其他希腊城邦的态度，我们不能同意迈耶尔所作的说明。把希罗多德描绘成一个宣传全体希腊人团结一致的人，没有比这更加虚伪和歪曲的历史情况了。他这个小亚细亚的希腊人，不参加希腊本土内部的任何纷争，但到达雅典之后，他便埋头于希腊各城邦之间的激烈斗争，并且完完全全站在雅典的统治政党一方。

在评估雅典的党派斗争时，和评估希腊城邦之间的斗争一样，希罗多德并非公正无私。在雅典，占据突出地位的是阿尔克美奥尼戴家族，雅典领导人伯利克勒斯的母系便属于这一家族，雅典富豪和领导人物（参见卷六，122：$ἀνηράκοος$）卡利阿斯和这一家族也有亲属关系。人们之所以非难这一家族的代表人物，首先在于他们出自为世袭的血腥罪恶所玷污的人们（由于在公元前7世纪杀死了库隆［Cylon］及其随从），这罪恶后来给雅典带来了惨重的灾祸。其次在于希波战争的时候，他们倾向于波斯：克莱斯忒涅把土和水给了波斯人；在马拉松战役的时候，和波斯人勾结的阿尔克美奥尼戴家族，把盾牌举起来作为信号，准备给波斯人打开城门；伯利克勒斯的岳父卡利阿斯在公元前448年至前447年和波斯人缔结了可耻的和约。谈到库隆骚乱的时候，希罗多德认为有必要附加说（卷五，71），在杀死库隆团伙的时候，领导雅典的是村社的首脑们（naucraries），而不是执政官，其中一个人是阿尔克美奥尼戴家族的美伽克列斯（Megacles）。后来，修昔底德反对希罗多德的这个说法）。希罗多德甚至附加说，"但伊萨戈拉斯与他的朋友并未参与其事"（卷五，70）。然而，和米申柯的意见相反（卷二，页35），希罗多德这里的αὐτός只能是指伊萨戈拉斯，无论如何不是克莱斯忒涅。由于克莱斯忒涅曾把"土和水"献给波斯人，为了冲淡人们对这件事的印象，希罗多德指出（卷五，73）："使者们在一起商量了一下，结果同意了他的要求，因为他们一心想缔结联盟。但是，回国之后，他们却因他们的做法受到很大的责难。"在另一个地方（卷六，121），希罗多德想证明，阿尔克美奥尼戴家族在马拉松战役的时候，不是出于背叛的目的而把盾牌举起来。然而，为了证明这一点，他最好的办法也不过是指出，阿尔克美奥尼戴家族和卡利阿斯同样是反庇西斯忒拉托斯暴政的人物。仿佛不能够既是庇西斯忒拉托斯家族的敌人，同时又是波斯人的拥护者，更不必说美伽克列斯要么便和庇西斯忒拉托斯家族作斗争，要么便和他们缔结协定了！至于卡利阿斯，希罗多德谈到了他对庇西斯忒拉托斯家族的敌视态度，谈到了他在奥林匹亚和皮提亚（Pythia）赛会上的胜利，谈到了他送给女儿的大量妆奁（卷六，122）；在谈到卡利阿斯出使苏萨的时候，他只是说，这次出使是"为了别的一件什么事情"，却没有说明到底为了什么事情。

雅科比说：

> 任何人从来都不怀疑，为阿尔克美奥尼戴家族受到μηδισμός［亲波斯］的非难这件事辩护，具有现实意义。伯利克勒斯由于自己所处的地位，也非常关心这一点，正如他关心使阿尔克美奥尼戴族不被非难有杀死库隆这一世代相传的

罪恶一样,而这种非难正是公元前432年雅典反对派和斯巴达提出来反对他的。这些非难就是他政敌手中的工具……这样的责难和辩解,在当时完全可以理解,因为在那个时候,尽管对希波战争记忆犹新(当时参加过萨拉米斯战役和普拉泰亚战役的许多人还都活着),尽管还有力量强大的保守党的反抗,伯利克勒斯还是领导雅典走上了和波斯缔结协定的道路。要知道,当时正值"为了另一件事而奉派的"、以**希珀尼科斯(Hipponicus)**的儿子卡利阿斯为首的雅典使节们(从这些话可以看出,舆论认为和波斯人缔结协定是件可耻的事情),在苏萨的大王宫殿里遇见了阿尔戈斯的使节,当然,他们的相遇并非偶然。只有这样假定才可以理解,除了阿尔克美奥尼戴家族,希罗多德还称颂卡利阿斯是敌视僭主的人物(卷六,121)。对率领这一使团的卡利阿斯,他做了激烈攻击。

希罗多德是从这样一个党派获取报道的,这个党派相信,雅典的宿敌不应认为是波斯人,而是斯巴达人及其同盟,甚至首先是他们的同盟——忒拜人、科林多人和埃吉纳人。伯利克勒斯的那个党派在对城邦民大会发表的多次演说中表达了这种看法,他们引用这些城邦在希波战争中以及之前的行动作为独特的例子。希罗多德把这个党派的捏造(毫无疑问,bona fide)当成了历史事实。属于捏造的有:埃吉纳屈服于波斯;科林多人在阿尔忒米西翁战役和萨拉米斯战役中表现了可耻的怯懦;他们舰队将领的精神卑鄙龌龊;斯巴达人在战事上总是耽搁,使雅典两次被摧毁;斯巴达人完全禁止雅典人保有城墙。这些不是在一天里想出来的,必须费不少时间才能使人们相信它们。这全部传统,都是在紧接着喀蒙审讯的二十年当中,有意或者至少借着政治活动家的协助推行了开来;当喀蒙的返回再度使两个派别之间的矛盾尖锐化,以及当伯利克勒斯得以在公元前447年和波斯缔结和约,它们起了特别重要的作用。当希罗多德在公元前445年左右来到雅典时,这一切大家记忆犹新。

因此,希罗多德不是作为伟大的民族事业的宣告者,而是作为雅典光荣的吟诵者写作的。他的目的是,指出当时伯利克勒斯领导的那个城邦对希腊的功绩,并且是在谁也不愿意听到这些功绩的时候。正因如此,希罗多德写作的对象不仅仅是雅典人,一般地首先不是对他们,而是对修昔底德称之为"全部其他希腊"的那些集团……希罗多德写自己的书,说是为了和对雅典的公认的看法论辩,这种看法从武装斗争开始的时候起便在一些地方形成,并且在伊奥尼亚、西西里和大希腊特别普及(在这些地方,人们也害怕成为阿提卡扩张的牺牲者;正是在图里俄伊,这些矛盾在公元前5世纪30年代以特殊的力量爆发出来)。他之所以在这个时候写作(在主要城邦相互冲突的时候,①"人们对拉刻岱蒙人的同情远远超过对雅典人的同情"),特别是因为他们宣布了自己解放希腊的意图……②

---

① 比较希罗多德,卷六,98,2,τῶν κορυφαίων περὶ τῆς ἀρχῆς πολεμεόντων.
② Jacoby,"Herodotus"条,Pauly-Wissowa,Suppl.-B. Ⅱ,ct6,238以下。还应当注意修昔底德的话,和希罗多德论据(卷七,139)的内部联系。

我们相信，希罗多德千篇一律的形象，由于许多原因，和实际情况不符。

首先，甚至亲身参加了对波斯的伟大斗争的埃斯库罗斯，从来都没有宣告过把全部希腊团结起来以摧毁波斯外方人的思想；他认为的公理却是，亚细亚及其全部希腊和非希腊居民，是波斯的世袭领地和臣民；他并不认为民主制度只对希腊人好，或波斯人生来就是为了受奴役和受僭主的桎梏。在他看来，大流士是一位理想的国王，他的愤怒不是针对波斯人，而是针对克谢尔克谢斯的高傲。

诚然，埃斯库罗斯内心十分痛苦地观察了希腊各城邦之间的竞争和斗争，他希望两个伟大的希腊城邦——斯巴达和雅典——之间实现最紧密的团结和最亲密的友谊；他的肃剧浸透着高度的战士精神，这种战士精神正是亲身参加了马拉松战役和萨拉米斯战役之人的特征。

不过，在埃斯库罗斯和希罗多德之间，无论如何也不能画等号。雅典政权向希罗多德提出并为希罗多德执行的正式任务，在于表现出雅典在一切方面都比人人称颂然而口是心非、伪善的斯巴达要好；科林多和波伊俄提阿比斯巴达还坏，而希腊只是由于有了雅典人，才在伟大的民族斗争中战胜了波斯人。从这个观点来看（它反映在公元前447年卡利阿斯和约的条款上），[①] 亚细亚自古以来便是国王的世袭领地。如果国王不向希腊人发动进攻，就不应当反对

---

① 参见例如 H. T. Wade-Gery, *The Peace of Kallias*, Athenian Studies presented to W. S. Ferguson, *Harvard Studies in Classical Philology*, Suppl. -Vol. 1, Cambridge, 1940, 页 121 – 156。

他，而是尽力用和平的方法，依靠自己的力量保障雅典在亚细亚的利益："在国王的最高政权之下亚细亚各希腊城邦的自治。"

正是有了这些思想，希罗多德进行了一般反对战争的原则性鼓动。在希罗多德的著作里，使我们感到惊讶的是完全缺乏好战的精神。借着梦想胜利和对居鲁士作战的克洛伊索斯之口，他发表了这样的和平主义宣言：

> 哦，国王，我干的这件事，给你带来好运，给我带来不幸。若说起它的原因，应该说是希腊人的神，因为他鼓励我出兵作战。没有一个人愚蠢到爱好战争甚于和平，在战争中，不是像平时那样儿子埋葬父亲，而是父亲埋葬儿子。但是，我相信，诸神恐怕欢喜这样。（卷一，87）

希罗多德著作中这种口吻屡见不鲜，和埃斯库罗斯肃剧浸透的那种好战精神正好相反："有趣的是，我们认识到，波斯战争的伟大史家，对于我们称为民族自豪感、光荣和自由的一切事物极其冷淡。"① 希罗多德因雅典人的功业——他们把欧罗巴的希腊从亚细亚的统治之下解放出来——感到自豪，但是他认为，对强大波斯的战争本来可以而且必须从根本上避免，如果一小撮希腊阴谋家不企图使小亚细亚城邦发动毫无意义的起义，战争就不会发生。

---

① Legrand, *De la "Malignité" d' Hérodote*, Melanges Gaston Glotz, Ⅱ, Paris, 1932, p. 538.

在这种情况下，希罗多德比雅典统治集团期望于他的，要走得远多了。不管伯利克勒斯和他的同道制裁斯巴达的高傲这件事何等重要，他们仍然充满了爱国情感，他们因为对波斯取得伟大胜利感到自豪，并且对外方人，对把所有奴隶都安置到雅典来的那些民族，抱着某种轻蔑态度。

但是，希罗多德本身的教养并不允许他站到这个观点上来。我们已经看到，希罗多德在波斯国王统治下的哈利卡尔那索斯出生和长大。我们还说过，哈利卡尔那索斯的居民的很大一部分是卡里亚人，城邦的希腊居民大多也是希腊人和卡里亚人通婚所生。从希罗多德的父亲的名字——吕克瑟斯——来判断，不用怀疑，在希罗多德的血管里有不少外方人的血液。鲍厄尔（Bauer）① 提到"在小亚细亚度过的幼年（它的理想是希腊人的斗争和战胜波斯人）的宏伟印象"，这极度幼稚。从希罗多德著作本身我们看到，这些情绪完全是另外一回事。在萨拉米斯战役中，哈利卡尔那索斯的舰船站在波斯人一方作战；哈利卡尔那索斯人自豪和卑躬屈节地报道说："他们那由克谢尔克谢斯任命的统治者阿尔忒米西娅，在言语和行动上都为波斯国王服务得最好，以致国王最后竟把自己的孩子都托付给她。"（卷八，101）

> 除去阿尔忒米西娅之外，其他（［原注］波斯军队的）队长的事情我就不谈了，因为我觉得没有这个必要；阿尔忒米西娅以妇女之身，竟然随着大军出征希腊，这实在使我惊叹不

---

① A. Bauer, *Herodts Biographie*, 1878, P. 8.

已。原来，她的丈夫死时，她只有一个未成年的儿子，因此她便亲自执掌国政。这次她不是由于必要，仅仅由于逞勇好胜（ὑπό λήματος καὶ ἀνδρηίης）才参加出征。阿尔忒米西娅是她的名字，她是吕戈达米斯的女儿，因而从她的父系来说，她是哈利卡尔那索斯人，但从她的母系来说，她是克里特人。她是哈利卡尔那索斯人、科斯人（Cos）、尼叙洛斯人（Nisyrus）、卡律德诺斯人（Calydnos）的首领，她提供了五只船。她的船在全部水师当中，仅次于西顿（Sidon）的最出名的好船。在所有的同盟者当中，她向国王提供了最好的意见。我上面所说的由她领导的城邦，我敢说都是多里斯族。（卷七，99）

……然而，那些因她在全部同盟者当中受到最大尊荣而对她怀恨和嫉妒的人们，却很喜欢她的回答，因为他们认为这是她自找倒霉。可是，当这些意见报告到克谢尔克谢斯那里去的时候，他却非常喜欢阿尔忒米西娅的意见。他一直把她当作一位崇高的妇人，而现在对她也就更加尊重了。（卷八，69）

既然不满意于波斯大官们的意见，

他（译按：指克谢尔克谢斯）觉得也应该把阿尔忒米西娅找来参加会议，因为他认为在前次会议上，只有她一个人懂得最好应当如何做。当阿尔忒米西娅到来的时候，克谢尔克谢斯便下令其他人等——波斯顾问和他的近卫士兵——一概退去。（卷八，101）

> 阿尔忒米西娅的意见使克谢尔克谢斯深感满意，因为她所说的恰巧是他自己的想法。（卷八，103）

> 讲这话的人（译按：指阿尔忒米西娅）在欧波亚的海战中绝不是最卑怯的人。（卷八，68）

因此，对波斯人作战的希腊人认为她是最可怕的敌人，而"凡是生擒阿尔忒米西娅的人，可以得到一万德拉克玛的奖赏，因为一个妇女竟前来进攻雅典，实在使人愤慨"（卷八，93）。

在萨拉米斯战役中，那些伊奥尼亚人对希腊人面临的失败非常高兴，争先恐后拿捕阿提卡船只，竞相取悦于波斯国王。对此，希罗多德做了详细叙述，毫不感到愤慨（参见页33）。显而易见，在哈利卡尔郡索斯，人们谈到过这一点。人们高兴地谈到，希腊人如何拯救波斯人的军队，使之免于溃灭（卷四，98、133）；阿尔塔普列涅斯如何使希腊人缴纳适当、公平的贡物；他如何召集希腊人开会，断然命令他们中止相互间的一切战争，用仲裁的办法解决所有问题。在谈到本城邦的希腊人时，希罗多德使玛尔多纽斯发表如下意见并非偶然："既然他们使用相同的语言，他们本应当通过传令人和使者来结束他们之间的纠纷，应当用战争以外的任何其他办法来结束纠纷。"（卷七，9）用他的话来说，波斯人向欧罗巴推进只是为了报复希腊人对他们的侵略。希罗多德满意地指出，同是那个玛尔多纽斯，把僭主赶出了希腊的城邦，并且在那里施行民主制度（见前文，页69）。在哈利卡尔那索斯和小亚细亚的其他城邦，人们对下述情况深感满意，即在希腊的小亚细亚城邦中,阿尔托克谢尔克谢斯任命的希腊统治者——忒米斯托克勒斯和其他人等——的统治公正无私。小亚细亚的希腊人很清楚,波斯人何等关切和注意属于他们的各个民族的神,而本土希腊人的关于波斯人经常烧掉希腊神殿的故事,使他们感到极为惊讶:他们只能这样解释波斯人的行动,即波斯人想报复希腊人烧掉他们著名的库贝蓓(Cybebe)神殿和萨尔迪斯的其他神殿(卷五,102)。在个别城邦,只是某些有势力的商业集团在小亚细亚起义的时候把雅典人和斯巴达人召来帮忙。哈利卡尔那索斯和其他一些城邦的居民,满足于处在波斯的统治之下,在雅典军队出现的时候,他们常常加以抵抗(例如,在帕赛利斯[Phaselis]的情况就是这样)。在他们看来,在伊奥尼亚刚起义的时候,雅典人进入小亚细亚乃是无可置辩的侵略行动。希罗多德又使阿里斯塔戈拉斯讲了下面的话(卷五,49):

> ……那一大陆的居民拥有的好东西,比所有其他地方人们的加在一起都多,首先是黄金,还有白银和青铜、色彩绚烂的衣服、驮畜和奴隶;这一切你们可以随心所欲地取得……你们如果把这座城攻取下来,你们甚至无需害怕和宙斯斗富了……当你们可以轻易地成为全亚细亚的统治者的时候,你们有什么理由不这样做呢?

这就难怪克谢尔克谢斯愤慨地说(卷七,11):

> 假如我不亲自报复雅典人……如果我们安安静静地待在

这里，他们不仅不会善罢甘休，而且肯定会向我们的国土发动进攻，假如我们从他们的所作所为推断的话。因为他们不但把萨尔迪斯烧掉，而且进兵亚细亚。

凯里在《剑桥古代史》中谈到这一点时，正确地指出：

> 把情况提供给希罗多德的人们，力图用一切办法把伊奥尼亚起义描写成荒谬罪行的典型；对于这样的罪行，任何头脑清醒的人都应当尽可能远地不去沾染它。在重述人们告诉他的这一受到歪曲的情况时，希罗多德所呈现的不是历史上的事实，而只是一幅漫画。①

抱着受到损害的"希腊爱国情感"观点的霍瓦尔德正当地叫道：

> 不言而喻，在这样的基础上，不可能有真正的爱国主义的容身之地。因为由于波斯太守的命令，这里树立起来的、小亚细亚希腊人之间的和平，对贸易和个人的安适，自然比起战争的痛苦，甚至比起不给予这样的贸易活动自由的雅典海上同盟来，优越得多。因此，我们便无需奇怪，伊奥尼亚人（卷八，85）——除去亡命者、政治阴谋家、幻想家，可能再有几个理论家之外——都亲近波斯，并且根据自身力量的大小，对波斯事业有着不同的忠诚度……这一点说明，为

---

① *Cambridge Ancient History*，卷四，页216。

什么在许多情况下不难认识到,希罗多德本人的爱国主义有时基础十分不稳固。在到雅典之前,他已经有了小中立国居民的心理,这种心理正是小亚细亚希腊人的特色——在他的著作里我们可以找到这种心理的一些突出例子。这也说明为什么我们在他著作的某些部分,能够看到一种令人吃惊的客观性。(前揭文,页114、125)

再说,对于生活在波斯人的统治之下、从波斯人那里获得消息的小亚细亚希腊人来说,希波战争进程本身,相对于本土的希腊人,完全是另外一回事。波斯王国的巨大资源和规模他们都知道得很清楚,他们深深懂得,克谢尔克谢斯在萨拉米斯和普拉泰亚的失败,对克谢尔克谢斯和波斯显贵,不可能像埃斯库罗斯和本土希腊人想象的那样,发生他们认为的那样的影响。从克律索斯托莫斯的著作(卷十一,页307),我们知道波斯人在自己的著作里如何报道希波战争:

> 克谢尔克谢斯出征希腊,在温泉关战胜了拉刻岱蒙人,并杀死了他们的国王列奥尼达斯(Leonidas),然后攻占和摧毁了雅典人的城邦,把所有未来得及逃跑的人变为奴隶。给希腊人规定了应纳的贡物之后,他就返回了亚细亚。

这并不是克律索斯托莫斯的捏造,确确实实来自波斯史料。波斯人的确这样看待这一战争,这在公元前5至前4世纪波斯人描绘的希波战争图画中得到证实。在一个浮雕中,就刻着波斯人(头上有时飞翔着阿胡拉玛兹达的带翼圆盘）战胜了全副武装的希腊人。浮雕中，大多数情况下希腊人都是跪在地上。

从这一点来看，希罗多德对下面一点的坚定信念（他把它放到他非常尊敬的阿尔忒米西娅嘴里），我们就不感到惊讶了，这就是：

> ……如果你（译按：指克谢尔克谢斯）不急于进行海战，而是把你的船只留在这里靠近陆地，或甚至一直向伯罗奔半岛进击的话，那么……你会很容易达到你这次前来的目的（译按：即征服希腊人）。① （卷八，68）

阿尔忒米西娅详细且令人信服地论证了这一说法。

希罗多德便是带着这些小亚细亚观点来到了雅典。尽管他十分同情雅典的统治集团，想支持他们的政策，但是童年的这些印象却不能不在他的著作中留下痕迹。霍瓦尔德正确地理解了这一点，尽管我们并不同意他的"爱国的"愤慨。爱伦堡②的看法要正确得多，他认为，把我们的时代感受转移到过去，乃是不能容许的"现代化"：

> 一直到今天，人们竟然还说什么伊奥尼亚人或埃吉纳人

---

① 比较修昔底德的类似意见（《战争志》，卷一，69）：

> 我们自己知道，在我们来得及适当准备之前，波斯人便从大地的边境前来进攻伯罗奔半岛了……我们知道，外方人遭到失败，主要是由于他们自己的错误（αὐτὸν περί αὑτῷ）。

② V. Ehrenberg，《东方与西方》，前揭书，页99。

的叛国的亲波斯行动，还说什么希腊人对民族事业忠诚或不忠诚，甚至他们把伊奥尼亚的起义说成是"爱国运动"。

希罗多德到雅典之前的体验，在另一方面也反映出来。他这个小亚细亚的希腊人，从童年起便"同情伊奥尼亚的事业和雅典"，这个说法通常被认为是不刊之论。① 这并不正确。任何细心读希罗多德著作的人都会认识到，他这个多里斯的哈利卡尔那索斯的居民，首先认为自己是一个多里斯人，并以此自豪。从襁褓的时候，他便汲取了对伊奥尼亚人的憎恶和蔑视，从来难以抑制自己对占据主导地位的多里斯城邦——斯巴达——的敬仰之情（参见页55及以下）。如果他没有把自己对伊奥尼亚部落和伊奥尼亚制度的态度扩大到雅典身上（卷一，143），那么，正像雅科比公正指出的（前揭书，第211栏），是由于希罗多德后来到雅典时，对他的著作进行了修改。实际上，在希罗多德对斯巴达的论述中，我们看到了一些不可理解的矛盾。只要把下述的两种情况对比一下就够了：一方面，是借德玛拉托斯之口（卷七，102、234）称颂斯巴达，这毫无疑问是希罗多德本人的看法；另一方面，同是那个希罗多德，又说斯巴达人口是心非，而且他们可能背着雅典人而跟波斯人缔结$\acute{o}\mu o\lambda o\gamma\acute{\iota}\alpha$［条约］。

而且在一切涉及德尔斐的地方，希罗多德更加不愿迎合雅典政权的意思。在希罗多德写作期间，雅典和德尔斐的关系十分紧张——德尔斐这时成了斯巴达政策的工具。希罗多德尽一切可能

---

① A. Schoell, "Herodots Entwicklung", 见 *Philologus*, X, 1855, 页37。

避免使德尔斐有同情波斯人的嫌疑。

任何一个细心研读希罗多德著作的人,都会得出这样一个结论,即在希波战争时期,德尔斐人站在波斯人一边。例如,在一个具有高度半官方性质的对雅典人的颂词中——这篇颂词毫无疑问取自雅典史料(卷七,139),希罗多德认为下述事实是雅典人的特殊功绩,即从德尔斐来的带有恐吓性的预言($\chi\varrho\eta\sigma\tau\eta\varrho\iota\alpha\ \varphi o\beta\varepsilon\varrho\grave{\alpha}\ \varkappa\alpha\grave{\iota}\ \grave{\varepsilon}\varsigma\ \delta\varepsilon\tilde{\iota}\mu\alpha\ \beta\alpha\lambda\acute{o}\nu\tau\alpha$)并没有吓住他们,也没有说服他们放弃希腊(卷七,139)。这里我们看到,德尔斐的预言怂恿希腊人"放弃希腊",并且向他们预告了难以形容的恐怖。但是,后面各节(卷七,140、141)报道的一个神谕,毫无疑问用德尔斐的史料做了补充,这个 post facctum [事后]捏造的补充材料的目的,是替德尔斐神托所辩护,因为其中直接指出了萨拉米斯战役。这些神谕中的第一个如下:

> 不幸的人们啊,为什么你们还坐在这里?
> 逃离你们的家,你们那轮形城邦的高耸入云的卫城,
> 跑到大地的尽头去吧($\varphi\acute{\upsilon}\gamma'\ \grave{\varepsilon}\varsigma\ \check{\varepsilon}\sigma\chi\alpha\tau\alpha\ \gamma\alpha\acute{\iota}\eta\varsigma$)。
> 身躯和头同样都不能安全无恙,
> 下面的脚、手以及它们中间的一切也无济于事
> 它们都要毁灭掉。
> 因为火和凶猛的**阿瑞斯神**(Ares,译按:战神)飞快地驾着叙利亚的战车,要把这座城毁掉。
> 他要把不仅仅是你们的,而是许许多多的城邦毁掉。
> 他还要把神的许多神殿交付火焰吞食;

……

　　因此我要你们离开神殿，拿出勇气制服你们的不幸遭遇吧。

根据希罗多德的说法，第二个神谕对雅典比较仁慈一些。但是这个神谕在结尾的地方，正像我刚才所说，有两句直接指出了伪造的萨拉米斯战役的诗句，如果我们把最后两句诗删去，那么第二个预言和第一个便没有什么区别。

　　用许多话来请求，用高明的意见来劝说，
　　帕拉斯都不能缓和宙斯的怒气。
　　然而，我仍愿向你们讲一句像金刚石那样坚硬的话。
　　在喀克罗普斯（Cecrops）**圣域和神圣的喀泰戎**（Cithaeron）**谷地目前所保有的一切**
　　都被夺去的时候，
　　远见的宙斯终会给特里托戈奈亚（Tritogeneia，译按：指雅典）一座难攻不落的木墙
　　用来保卫你们和你们的子孙，
　　且莫安静地居留在你们原来的地方，因为从大地方面
　　来了一支骑兵和步兵的大军；你们倒应当在他们来时撤退，
　　把背向着敌人；不过，你们终有一天会和他们交战。

从这些地方，我以为可以十分明显地看到，神谕认为波斯人毫无疑问将来会占领阿提卡，并把它完全摧毁。它认为雅典人必

须转身逃离"叙利亚的战车""到大地的尽头去","既不期待骑兵,也不等待步兵"。上面所说的一切已经相当明了;和这相矛盾的,只有会帮助雅典人的木墙那一点,但由于他们同时要逃到大地的尽头,这就不能是阿提卡的什么要塞,因为这样的要塞对于逃跑者来说没有任何帮助。我们都知道,神谕的话通常由德尔斐的解说人解释给请示神谕的人,如果忒米斯托克勒斯懂得木墙就是船壁,那么,显而易见,他对这一点相当有根据。诚然,使希罗多德感到惊讶的是,这样的解释和最后的两句诗矛盾,但是我们可以不必去管这一矛盾,因为最后两句诗毫无疑问是伪造的。在这一情形之下,指的是怎样的船只,不仅仅从神谕的话(即雅典人必须"逃到大地的尽头去"),就是从希罗多德著作中提到的忒米斯托克勒斯本人的话,也可以清楚地看出来(卷八,62):

> ……我们便不费什么气力带着我们的家小人等,到意大利那自古以来便属于我们的昔利斯去,而且神谕也说,我们必须在那里建立一个殖民地。

因此,在谈到木墙的时候,德尔斐的神——希腊殖民者最高和公认的保护神——指的是会把雅典运到遥远的西方去的船只,就好像其他许多希腊殖民者被运到西方去一样(在希波战争之前不久是弗凯亚人和萨摩斯人)。站在波斯人一方的德尔斐神托所,不能把更好的意见告诉雅典人,因为它知道,根据所发生的一切,波斯人永远不会宽恕雅典人的行为。

德尔斐神托所向波斯人预言的是什么呢?这一点不难从放到

玛尔多纽斯嘴里的话看出来（卷九，42）：

> 有一个神谕说，波斯人命中注定要来到希腊，他们把德尔斐的神殿劫掠之后，就要全部死在那里。我们也知道了这个神谕，因此我们就既不走近这个神殿，也不想劫掠它。既然我们的毁灭要决定于那一点，这样我们就不会遇到什么祸事了（ταύτης τε είνεκα τῆς αἰτίης οὐκ ἀπολεόμεϑα）。

看来，从这里只可以得出这样一个结论，即波斯人既然不劫掠德尔斐，他们便或者都活着，或者如果都死了，但也不是由于这一点，而是由于其他别的什么罪过。玛尔多纽斯的结论完全是另外一回事：

> 你们中间所有对波斯人抱着好意的人们，既然知道我们因此将要战胜希腊人，你们可以安心了。

从这个出人意料的结论我们可以看出，或者希罗多德，或者把情况提供给希罗多德的人，关于某一点没有谈。在这里提出来研究的神谕原文，或者缺少一句话，或者 post factum［事后］给窜改了。真正的神谕原文，正如我们可以 a priori［先验地］、十分自然地想到的，显然应该是："如果波斯人到达希腊之后劫掠了德尔斐神殿，他们注定会全部死亡；如果他们不这样做，他们注定会胜利"等等。

这样就符合于德尔斐多年来对波斯及其国王的全部政策的精神

了。例如,在以铭文形式保存下来的大流士给他的太守伽达特的信里,国王用严厉的惩罚威胁太守,因为太守向"阿波罗的神圣园丁"征税。大流士说:"你忘记了我的祖先怎样对待这位把全部真实情况预言给波斯人的神（ὅς Πέρσαις εἶπε πᾶσαν ἀτρέκειαν）。"①

从关于葛隆的报道,也可以清楚地看出德尔斐的立场（卷七,163）;

> 当他（译按:指葛隆）一听到波斯人渡过了赫勒斯滂,就立刻派科斯人斯基忒斯（Scythes）的儿子卡德摩斯乘着三艘五十桨船,带着大量金钱和友好的问候到德尔斐去。卡德摩斯到那里去是为了监视战争情况。

只有在德尔斐和波斯人缔结同盟的情况下,才可能这样做。

同样,有教育意义的还有,波斯人入侵的时候,没有触动小小的多里斯山区（斯巴达人认为这里是他们的故土,而且该地处于德尔斐的特殊保护之下。比较修昔底德,《战争志》,卷一,107,2）,因为多里斯居民站在波斯人一面（ἐμήδιζόν τε γάρ）。相反,波斯人劫掠了多里斯和德尔斐的主要宿敌福基斯（Phocis）:"外方人蹂躏了福基斯的全部国土……凡是他们征服的地方,他们就纵火和破坏,城镇和神殿一概化为灰烬。"（卷八,32）在福基斯的阿拜（Abae）有德尔斐神殿主要和直接的竞争者,这里和德尔斐一样,有"……一座富有的阿波罗神殿,这座神殿拥有大量

---

① 参见托德,前揭书,第十号页12。

的财宝和奉献物。当时那里和现在一样,也有一处神托所。"(卷八,33)应当认为,对这个神殿的劫掠得到了德尔斐的同意。

为了给德尔斐辩护,除了假造的神谕诗句之外,希罗多德在他的著作中(卷八,36-39)还加进了一段有辩护作用的神殿传说,目的是解释为什么波斯人不劫掠德尔斐神殿,如果德尔斐的阿波罗像后来祭司们肯定的那样,永远是外方人的敌人,热心拥护希腊人的民族团结。原来,波斯人已经迫近神殿,想劫掠它,但是阿波罗能够保卫他自己:出现了两个比普通人高大得多的天上的战士,从天上打下雷闪,两座山峰从山上掉下来,神圣的武器自己从神殿出来等等。受到惊吓的波斯人随之逃跑了。

上面指出的事实(参见页12)和这一点相符合,这事实就是:希罗多德介绍了许多东方的和希腊的事件,不过,他介绍时经过德尔斐具有倾向性的、不惜伪造的加工。

对于希罗多德对福基斯人行动的估价,我们可以特别明显地感到他对德尔斐的偏爱态度。希罗多德认为他们对希腊事业的忠诚,是由于他们的邻人,即他们所憎恨的帖撒利亚人,站在波斯人一面。他说,如果这些邻人站在希腊人一面,福基斯人就会站到波斯人那一面(卷八,30)。

希罗多德对福基斯的这种不公正的态度,只能说是由于福基斯人早在公元前6世纪便是脱离了福基斯联盟的德尔斐的死敌。由于宗教原因,值得注意的是,在雅典和德尔斐发生冲突时,希罗多德永远站在德尔斐一方。尽管福基斯人是雅典人忠诚的同盟者(修昔底德,《战争志》,卷三,95),他却总是力图污蔑福基斯人,就因为德尔斐人憎恨他们。

尽管如此，客观地说，仍然不能不指出，如果细读希罗多德的著作，便可以不十分困难地把真相恢复过来。如果在希罗多德之后 2500 年的我们可以做到这一点，那么对和他同时的人来说，就更加容易做到了。一句话，这里和估价阿尔戈斯的行动是同样的情况：作为一个笃信和忠诚于阿波罗的人，希罗多德认为自己有责任把祭司们和神殿的文书告诉他的一切传达出来。但是，他认为有必要报道全部他可以得到的材料，为的是读者自己分辨哪个可信，哪个不可信。普鲁塔克则认为这正是希罗多德的"阴险"（$\varkappa \alpha \varkappa o \acute{\eta} \vartheta \varepsilon \iota \alpha$）之处。

再有一个问题，在这上面，希罗多德所持的也不是雅典的官方观点。① 公元前 5 世纪 40 年代末，雅典和萨摩斯的关系极其紧张。萨摩斯是联盟的成员，有一支很不错的舰队（在希腊仅次于雅典，占第二位），她对雅典在联盟中的做法显然不很满意。公元前 440 年，大概在希罗多德发表其著作的相应部分之后不久，萨摩斯起义爆发，起义结果是萨摩斯居民受到残酷杀戮。

希罗多德是萨摩斯的热烈崇拜者。我们已经说过，我们有理由认为，在他被逐出哈利卡尔那索斯以后，他在这个岛上生活了很多年。他做了一切能做的来为萨摩斯开脱，为公元前 6 世纪和前 5 世纪初在这里进行统治的珀吕克拉特斯王朝（可能后来这一王朝对他也起了一定的影响）开脱。他为在拉德战役中十一个萨摩斯统帅的叛变辩护，认为伊奥尼亚继续反对波斯人的斗争是"眼光狭小"（$\dot{\alpha}\gamma\nu\omega\mu o\sigma\acute{\nu}\nu\eta$，卷六，10－14）。他懂得这一评价不会

---

① J·Wells，上引著作，第 329 页以下。

得到大多数希腊人的赞同,于是他着重指出,统帅领导的其余萨摩斯人战斗得非常勇敢,为了这件事,城邦民大会竟决议把他们的名字和父名刻在石头上,把他们当作英雄来崇拜。希罗多德亲眼看到了这一遗迹。他想使读者得到这样的印象,仿佛这个石柱是在立功之后不久树立起来的,尽管这一点完全不可信:直到公元前479年以后才可能立起来,这就是说,至少已经是十五年以后的事情了。在另一个地方,他又着重指出萨摩斯人在居普罗斯战役中的勇敢表现(卷五,112),并且报道说,对十一名统帅的行为感到愤怒的富有的萨摩斯人($οἱ\ ἔχοντες$,卷六,22),乘船从萨摩斯离开并访问了西西里。这一切都是用这样的调子叙述的,即仿佛这些"有钱人"是萨摩斯的全体居民,或至少是大部分居民,而实际上他们只是一小部分人。① 但是,谈到公元前6世纪的萨摩斯时,希罗多德称萨摩斯是"希腊或外方人的所有城邦中最大的一个"($πολίων\ πασέων\ πρώτη\ Ἑλληνίδων\ καὶ\ βαρβάρων$,卷三,139)。他是珀吕克拉特斯及其王朝的热烈崇拜者,并且极为仇视推翻了珀吕克拉特斯家族的城邦民领袖迈安德里乌斯(Maeandrius)。同样,他力图用一切办法为波斯人在这个岛上的残酷行动(珀吕克拉特斯王朝便是他们的帮手)开脱。正如雅科比公正指出的(第223栏),只从这一个例子便可以看出,形容希罗多德的"僭主的敌人"这个名词,多么不能说明问题。

希罗多德力图无论如何要为马其顿开脱,这一点应当用个人传记性质的一些类似理由解释;由于其传记上的证据,他和马其

---

① Jacoby,上引著作,第221栏。

顿国王联系在了一起（参见页28及以下）。①

在我看来，我们所收集的事实，完全足以使我们深深地认识到，在学校学习时看到的希罗多德的传统形象——泛希腊的爱国者——多么不正确，因为这个形象的唯一目的，是歌颂团结一致的希腊人民与他们祖国和民主制度的死敌的斗争（我们这里顺便指出，我在这里所说的观点，并不是什么新的或有独特见解的东西——这是现代历史科学的共识）。"泛希腊的爱国主义"不仅不是希罗多德著作的核心，而且他书中根本没有这类说法。然而，a priori［先验地］我们可以明显看到，这类问题的提法不用说并不正确：这是一种"现代化"，这种"现代化"不仅不能允许，而且逻辑上也有缺点，因为它建立在画得不正确的平行线上。希腊不是国家，而只是一个地理概念——就和我们的"欧罗巴"这个词一样。在希腊的土地上，有许许多多相互独立的城邦，这些城邦有着不同的经济成分、阶级成分、制度、文化和结构，把他们结合到一起的只是宗教、某些风俗习惯、文字的（不完全的）共通性和语言间很大的近似。因此，"泛希腊的爱国主义"不能够和一些当前存在的现象，如俄罗斯的爱国主义、英吉利的爱国主义、法兰西的爱国主义等等相比较，而是要和"泛欧罗巴主义""泛日耳曼主义""泛罗曼主义""泛伊斯兰主义"，以及诸如此类完全不能实现且本质上反动的学说相比较。

我们可以拿今天的西班牙、意大利、法国和罗马尼亚来作例子。它们都是讲罗曼语、信基督教的欧洲文明国家。尽管如此，

---

① Jacoby，前揭书，第240栏。

这些国家在经济、阶级成分、制度、情感方面的区别有多大啊！谁会要求这些国家的居民都浸透某种"罗曼的爱国主义"，团结一致起来反对非罗曼民族呢？

如果要求希罗多德作一个"爱国的希腊人"，满怀泛希腊思想，同样会很荒唐。我们已经看到，希罗多德是自己城邦——哈利卡尔那索斯——的一个出色、正直的爱国者。哈利卡尔那索斯的民族成分复杂，并且在波斯的最高政权统治之下。哈利卡尔那索斯的爱国主义，要求希罗多德不存民族偏见，并且尊敬波斯。希罗多德的观点正是这样。

由于后来又倾向于雅典，他便迁居到那里。他成了一个不坏的、无可非议的爱国者，但他是一个雅典同盟的爱国者，不是泛希腊的爱国者。这时（公元前 5 世纪 40 年代），雅典的主要敌人是斯巴达。希罗多德也学会了敌视斯巴达及其同盟者，但却宽容雅典的做出在他看来不光彩事情的朋友。在这之前不久（公元前 447 年），雅典和波斯缔结了和约，根据这一和约，雅典承认波斯国王对小亚细亚领土和这里希腊城邦的最高权力。① 因此，希罗多德从小便习惯了的观点（根据这一观点，诸神把亚细亚永远给了波斯人，但是把希腊大陆给了希腊人），和雅典官方集团的观点丝毫没有分歧，并且和雅典的爱国主义相处得很好。因此，下述情况便很自然了，即，一方面，希罗多德不赞同亚细亚的希腊人反波斯人的起义，另一方面，克谢尔克谢斯出征欧罗巴的希腊又

---

① 参见 H. T. Wade-Gery，《卡利阿斯和约》，前揭书，页 83，注释 1。[校注] 根据原文，此处"前揭书，页 83，注释 1"似乎应为"参前文，页 83，注释 1"，即本书页 103，注释 1。

使他觉得气愤，认为这是 ὕβρις［肆心］，并且称颂希腊人反抗这个傲慢的侵略者的斗争。这里没有任何矛盾。不过，他称颂对波斯人的斗争，并不是因为希腊人高贵，而波斯人强暴、是奴隶等等；希腊人和波斯人各不相同——他们都既善良又邪恶。居鲁士善良，克谢尔克谢斯则傲慢、强暴；希腊人阿里斯塔戈拉斯、希琵阿斯、伊萨戈拉斯（Isagoras）等人是强暴的冒险家，列昂提亚德斯是胆小鬼，而列奥尼达斯则是英雄。

这样看来，一种常见的意见——在希罗多德的著作中，我们可以看到许多矛盾的、不可信的东西——之所以产生，乃是由于不能够站在希罗多德的立场上，而且不能够理解他的观点。希罗多德不是激进的民主制度的崇拜者，但从这一点还不能得出结论，说他应当是寡头政体或君主政体的拥护者。在他看来，每个民族都有自己的风俗习惯，每个民族都应当遵守自己的风俗习惯，而破坏这些习惯就是最大的罪恶。

凡是自古以来的风俗习惯是君主制度的地方，应当保存君主制度；凡是自古以来的风俗习惯是民主制度的地方，应当保存民主制度，等等。一般说来，统治形式如何并不重要，重要的倒是这种统治形式执行得如何：居鲁士或大流士的"好的"君主制度，比"坏的"（极端的）民主制度要好。君主制度符合波斯的习惯，而民主制度符合希腊的习惯。不过，希罗多德的"民主制度"这一概念，不完全符合我们理解的古典民主制度：他和温和阵营的许多雅典人都认为，斯巴达的民主制度是民主制度最完美的形式。但是，根据他的意见，斯巴达人之所以不好，是因为他们破坏了自己祖辈相传的风俗习惯，而且他们的行动傲慢且狡猾。

希罗多德认为神威力强大且全知全能,同时,又不认为神好心且公正;他还认为神关心的,首先是要人们不去夺取非分的幸福("神的嫉妒"),这毋庸置疑是众所周知的事实。这里也没有矛盾。有争论的只是这样一个观点,根据这个观点,上述对神的认识是未发展到基督教理想的、"原始异教徒的狭隘",而关于诸神以善报善、以恶报恶的学说,和诸神心善的学说,则仿佛是智力发展中下一个阶段的事情。迈耶尔指出,关于神善心和公正的学说,正是埃斯库罗斯时代,即前一个阶段的特色。他还说,索福克勒斯和希罗多德有意放弃关于神公正和善心的学说,认为它和日常生活中的事实相矛盾,为了符合日常事实,试图用关于神的嫉妒的学说来代替它。在这方面,我同意迈耶尔的意见,并且认为这一新看法是一个进步,就如同我把霍布斯(Hobbes)的关于 bellum omnium contraomnes[所有人对所有人的战争]的学说,和中世纪的基督教道德相比是一个进步一样。

剩下的便是一个实际存在的矛盾了:对德尔斐和德尔斐的神的盲目崇拜。但是,在近代资产阶级学术的历史当中,在涉及宗教问题的时候,摆脱了这类矛盾的学者是不是很多呢?

希罗多德的史料

希罗多德是有作品保存到今天的最古老的史家。他之前的史家保存下来的只是零星残篇,这些残篇都保存在其他作家的引文里。对希罗多德及其之前史家产生影响的那些散文作品(即所谓"米利都故事",可以认为这些故事在希罗多德时期已经写出来),也没有保存下来。

不管我们听起来觉得多么奇怪,诗总是比散文古老得多。文学从诗体的羁绊之下摆脱出来,这件事乃是人类历史上最伟大的阶段之一。在开头的时候,这种散文不管在词的选择还是在词的排列方面,都和诗区别不大。

例如,在欧克西林库斯纸草书[①]上发现的"史家"(神话作家)西罗斯的佩列库戴斯的作品残篇中,这样记述世界和社会制度的创造:

> 人们给札斯(即宙斯)修造了许多宽敞的宫殿……当一切都准备妥当的时候,人们就安排婚礼……[宙斯向自己的新娘克托尼娅——即大地——说]:"我想与你结婚,因此用

---

① Diels, *Fragmente der Vorsokratiker*, Pherecyd, fr. 2.

这个头巾向你表示敬意。欢欢喜喜地嫁给我吧。"于是，大地上第一次有了取下头巾来的节日。从那时起，在神和人中间便确定了这样的习惯。她收下头巾，向他做了答复……

要使这种散文和生动的会话语言接近并获得它在希罗多德著作中所具有的面貌，需要长时期的发展。

问题在于，在公元前9至8世纪，希腊识字的人还非常少。人们使用文字的情况，主要是在坚硬的材料上（铜、石头和木材，用皮子的时候较少）做简短记录。要正确保存比较长的内容，唯一的办法就是口头记诵（在远古的时候，记诵的主要是宗教方面的文字，例如咒语、祈祷、赞美诗和功德颂，后者即关于神与人的神奇功勋的故事）。诗体的、有节奏的形式非常便于记忆；因此，在远古的时候，那些本质上和诗毫无关系的文字，也完全采取诗的形式。我们只需想一想赫西俄德著作中那些枯燥无味的系谱叙述就可以了。而且下面的情况也很自然，即对于这类作品来说，就是在文字得到远为广泛的传播时，它们还根据传统保存着诗体的形式。

在小亚细亚那些先进的工商业城邦里，旧的贵族社会的传统习惯，最早引起了来自新的社会集团方面的抗议和反抗。认识了西亚细亚各族人民——首先是吕底亚人、巴比伦人和波斯人，即那些直接与小亚细亚的希腊人相毗邻的人们——的文化，使这里的希腊人看到，不仅他们的宗教仪式和概念，就是希腊人认为全体人类共通的那些共同生活的"不成文"法，也不过是假定的东西。当时文化水平比希腊人高得多的东方诸民族的习惯，如果对之做进一步的认识，就知道它们和希腊的习惯完全不相同：希腊人认为罪恶极大的东西，依照东方诸民族法律的规定则恰恰相反。但更加重要的是：登上舞台的商业手工业阶级所关心的是摧毁贵族的特权，因为贵族维护宗教规定和"祖辈相传的"法律。为了满足新社会的需要，必须不仅掌握东方技术所依据的那些初步的科学知识，还要试图进一步发展它们，而不去考虑传统和宗教上的偏见。年轻的伊奥尼亚科学产生了（首先在米利都），这种科学彻头彻尾唯理论，试图通过少数的一些原则，把自然界中各种各样的现象引申出来。

显而易见，传统的诗体形式，在这种科学看来，必然会是一种令人遗憾的障碍：这种彻头彻尾唯理论的科学要求严格、精确的表述方式，为了内容，它并不把外部的形式放到眼里。于是，第一次创造了枯燥无味、平淡无奇的科学散文。

在诗体作品之外写作散文作品，这一点会使人想到把那些美丽的故事用文字记载下来，这些故事尽管没有任何实际的、实用的意义，在小亚细亚却十分受欢迎。这样看来，可能在公元前 6 世纪的希腊便已经出现散文作品。城市的阶级取得政权以后，力图用在新社会走俏的那些故事——饭后闲暇无事时，它们成了现在有势力和政权的人们的主要消遣——来代替关于神和英雄的贵族传说。四处漫游的哲人克塞诺芬尼（Xenophanes）在自己的一首诗（公元前 6 世纪末至前 5 世纪初）中写道：

> 要讲这样的东西应该是在冬天，懒散地倒在
> 火边的坑上，吃得饱饱的

> 不慌不忙地喝着甜酒，嚼着豆子。①

克塞诺芬尼还指出在这样的环境里应当谈论些什么：

> 只有那旁边摆着一杯酒，叙说他记得的东西，
> 尽量想引起人们心中的崇高感情，
> 而不是像先前那样，讲什么巨人、泰坦、半人半马怪和诸神作战之类的毫无意味的胡说
> 和捏造的人，才值得人们的夸奖。②

这样看来，这就是一些人所记得的（更准确说，可能记得的），以及关于说故事的人本身的人们的故事。这些故事的题材完全取自民间传说和逸事，但是却转换到说故事的人熟悉的希腊或东方社会的背景上来。这些故事的结尾，都是关于恶事的报应，关于神对破坏神设法度的人们的嫉妒，关于命运的变幻无常；也就是说，这种结尾表现了说故事的人心中 τόνος ἀμφ' ἀρετῆς [对崇高品德的向往]。这就是构成希罗多德《原史》前几卷内容的那些美丽故事的先河。

应当认为，人们早已开始写这样的故事，而且这样的故事集早在公元前 6 世纪末到前 5 世纪初便已经流行。在这里，我们看到了最早的散文。在公元前 5 世纪后半叶以前，写作故事所用的语言是伊奥尼亚方言。

---

① Xehophan., fr22, Diels.
② Xehophan., fr1, Diels.

同时，关于神与英雄的旧神话，开始被改写成散文。这些旧神话大部分用史诗体的六步抑扬格写成，通常是为了给显贵氏族的家世添加光彩而编造。

下面一种情况也有重大意义，即在许多希腊城邦，纪年由祭司和世俗官吏管理。这就是所谓名祖的记录（名祖是其姓名被用于为某个年份命名的人，该年份便用这个人的名字来记录；例如，许多希腊城邦的执政官，或阿尔戈斯希拉女神的女祭司，都是这样的名祖），奥林匹亚运动会上胜利者的记录等等。在该年发生的各突出事件的简短记载，也可以包括在该年项下，例如日食、地震、敌人的进犯等等。

最后，随着航海术的发展，希腊人在旅行的时候，当然会碰到不少使人惊异的东西。在上埃及的山岩上保存有一些铭文（这些铭文最古老的可以追溯到公元前 6 世纪），在这些铭文里，旅行者叙述他们怎样来到这里，并且附带说"看了这里的什么什么之后，感到万分满意"（ἰδὼν ὑπερεθαύμασα）——这在希罗多德的作品中是一个常见的说法。他们把看到的最出色的东西简要记载下来，以便回去的时候告诉朋友们。这样的关于旅行的记述，称为 περιηγήσεις 或 περοδοι［陆上的］和 περίπλοι［海上的］。

伊奥尼亚史学（它在当时是年轻的伊奥尼亚科学的先进门类之一）有四个源头，它们是：民间故事、系谱神话方面的故事、旅行故事和编年纪事。今天，我们一般把这些最古老的史家称为散文史家（logograph），但这个称呼并不恰当：希罗多德①用这个

---

① 希罗多德，《原史》，卷五，36：Ἑκαταῖος ὁ λογοποιός。

词，或与之类似的一个词 λογοποιός，称呼自己的先驱赫卡泰厄斯，稍后的学者又用这个词称呼希罗多德；这常常表示作者不是史家，而是讲不可信的故事的人，有时这个词干脆表示"散文作家"的意思。而这样的作家本人却毋宁把自己称为 συγγραφεῖς，即"作家"，而把自己的作品称为 ἱστορία，即"调查""研究"的意思。对于远古的伊奥尼亚史家来说，主要的史料是史诗；他们在史诗中力图排除一切荒诞不经和相互矛盾的地方，首先是年代方面的。为了这个目的，他们利用了国王表和显贵氏族的系谱，而且每一代的时间都假定一样。然后，史家再开始使用民间传说、名祖的高级官吏表、竞赛优胜者表等等。这项工作不仅仅是理论推理，而且对希腊城邦具有重要的实际意义，因为在那些时候，对于某一块领土的权利，常常要引用史诗或"远古的历史"来加以证明；这样一来，米利都人就证明了自己对特洛亚沿岸地带和细该伊昂的权利，而雅典人则证明了自己对同一沿岸地带和萨拉米斯的权利。

如果后来史诗的主要任务是证明贵族氏族的高贵，而把他们一直追溯到宙斯和人间某位妇女那里去的话，那么新兴的商业手工业阶级所关心的，却是想要证明自己所属城邦的伟大和古老：全体城邦民利用这样的办法，一下子取得了贵族的家系，尽管他们本身并没有显贵的祖先。许多城邦编年纪在那时出现，其中一个最重要的原因便在于此。

在编写这些历史作品的时候，人们往往把一般的哲学前提作为基础；为了对材料进行加工，伊奥尼亚科学批判的一切原则都用上了。结果，美丽的传说就变成了枯燥无味的编年记。

如果把最古老的、原始形式的古典神话，拿来和人们在古典历史科学和肃剧中对它的加工相比较，我们便可以把进行这种加工时作为基础的、古典史学的那些主要原则分辨出来。

在这些原则当中，第一个是在谚语"无火不起烟"中表述的原则。流言（φήμη）是宙斯的从仆；根据希腊人的迷信想法，我们常常能够在有人前来报道之前，从流言知道数千里之外刚刚发生的事情。① 流言是从神那里来的，因此，流言的核心永远是真实，尽管传话人可能把许多东西弄混和传讹。对任何故事或神话，只是需要把一切不可信和不可能的东西剔除出去：这就是一切怪诞的东西，一切和自然法则与作者所知道的其他事实相矛盾的东西；从任何玄妙的神话中，都可以用唯理论解释的办法，引申出历史故事来。② 这个办法在整个古典时代都通行，只有天才的修昔底德才从原则上鄙弃了它。同样，如果流行的故事不是不可信，而是和作者的政治观点或其他观念相抵触，那么，就不许说它不可信而把故事一笔抹杀，而应使用有理由的替换方法。③

在旧约《创世记》里，就有一个有趣的例子。④ 一些人谈到关于族长雅各（Jacob）的事情，但另一些人谈的却是关于族长以撒（Isaac）的事情（比较《创世记》第20章和第26章）。从保

---

① 正像希罗多德报道的，在米卡勒（Mycale）战役开始之前，在军队中便有了这时在普拉泰亚发生的胜利的流言等等（卷九，100）。
② 参见米申柯，前揭书，卷一，引言，页 XXIX。
③ 参见 Th. Zielinski, *Tragodumenon libri-tres*, 1, I: *De locis tragoediae rudimentalibus*, 1925；卢里叶, *Die ägyptische Bibel. Zeitschrift für die alttestamentliche Wissenschaft*, 44, 1926, 99, 注释 2。
④ 卢里叶，前揭书。

存到今天的圣经文本编者的观点来看，族长雅各是迁居到埃及去的；编者排斥了以撒迁居到埃及去的说法，他使用的便是有理由的替换办法：以撒本来是要到埃及去，但是上帝不要他去，对他说（《创世记》第 26 章第 2 句）："你不要下埃及去，要住在我所指示你的地。"在希罗多德的作品里，我们便已找到这种手法的痕迹了。

实际上，在神话里和在故事里一样，情节通常发生在和自己的名字与环境有所不同的另一种环境以及其他时代。情节通常是对那些最遥远的史前时代的社会关系作诗体的论述，或者建立在自然现象的人格化上面（夏天和冬天的斗争，雨和旱的斗争等等）。名字和历史背景不过是偶然附加到它上面去的。在神话不同说法中的相同情节，常常在极其多样的历史时代受到细致的描绘；在各种不同的说法中，它的英雄有各种各样的名字——这些名字常常是为了迎合某一显贵氏族的口味硬嵌上去的（氏族始祖的名字）。常常甚至在同一个神话或故事里，可以看到极其多样的时代的层积。有时神话是在较晚的时代创做出来的，为的是解释风俗或宗教仪式的起源（推源论神话）。这便说明为什么即使用今天的各种方法，即使有在今天的原始民族当中搜集的大量比较人种学的材料，要想解释神话都是一件非常困难的事情。对神话的那种直截了当的、唯理论的臆解，只会给学术带来害处。

既然希腊的史家认为任何神话——即使最不可信和荒诞不经的神话——都是关于真正历史事实的歪曲报道，那他就不得不想办法排除不同神话故事之间或同一故事的不同说法之间的矛盾之处。各种动机的综合和它的对立物——各种动机的复制——便是这样的手法。

正如我们刚才指出的,神话最固定和古老的部分是它的主要情节。这样的情节比较少,在大多数情况下,它们在欧洲、西亚细亚和北非的一切民族那里都一样。希腊人和其他希腊城邦的"历史",和埃及、巴比伦等等地方的"历史"接触之后,他们就在这里找到了他们已经知道的故事,不过是有着另一些固有名词而已。在关于神和英雄的故事里,相似的地方特别多,讲故事的人几乎没有给这些故事带来真正的历史影响。不言而喻,研究者在研究这些故事的时候,会得出结论说,内容谈的同样是那些人,只是人们给他们起的名字不同罢了;以弗所(Ephesos)的诸神之母就是阿尔忒弥斯(Artemis),埃及的欧希里斯(Osiris)就是狄俄尼索斯,托特(Thoth)就是赫耳墨斯(Hermes),罗马的玛尔斯(Mars)就是阿瑞斯等等。

如同两个不同的故事被传统归到同一个英雄身上融汇成一个故事一样,古典史家同样常常不得不和同一事件的两个相去甚远乃至相互排斥的说法打交道。在这样的情形下,古人就使用复制的办法:或是同一个英雄变成了两个同名的英雄,或是同一个事件的不同说法变成了两个独立的事件。例如,根据斯巴达神话,赫拉克勒斯是一个凡人,死后升了天;但是根据克里特神话,他却是一个神。于是就有了两个赫拉克勒斯:一个是神,另一个是凡人。希巨昂(Sicyon)僭主克莱斯忒涅禁止在希巨昂崇拜多里斯英雄赫拉克勒斯,但是他却把赫拉克勒斯神崇拜介绍进来。人们又把阿里阿德涅(Ariadne)变成两个人:一个是狄俄尼索斯的妻子,另一个是忒修斯(Theseus)的妻子。根据一个说法,奥德修斯（Odysseus）的儿子是基尔克（Circe）生的，而根据另一个说法，是佩涅洛佩（Penelope）生的。于是，人们把他变成了两个儿子：基尔克生的儿子是特勒戈诺斯（Telegonus），佩涅洛佩生的儿子是特勒马科斯（Telemachus）。以此类推。

早在远古时期便已使用、对希腊化时期的希腊史学产生了巨大影响的第三个手法，是神的世俗化。当各个希腊城邦的神都集合在一座万神殿里，在他们之间规定了血缘关系和等级制度的时候，那些小城邦和乡村的最高神，在这个万神殿里便没有容身之地，并且被从神降格为人。例如，波伊俄提阿的城邦列巴狄亚（Lebadeia）的最高神特洛丰尼俄斯（Trophonius），或是被认为等于宙斯（在这种情况下，特洛丰尼俄斯这个名字只是宙斯的形容语），或是变成一个普通的凡人。

为了确定无法在文献上找到精确日期的那些事件的年代（对于远古时期来说，情况往往如此），人们使用了系谱法和同时代法。每个国王的和一般显贵的氏族都有自己引以为豪的系谱。在这些系谱表里，只有最后面一些名字是历史上有的，上面则是一系列神话中的英雄，而始祖通常总是某一位神。为了确定一个神话事件的日期，人们便在某一个系谱表中找到其中一个人的名字，然后再根据每一百年相当三代的原则，估计这个人的生存时间。

最后，这些史家著作中希腊远古历史的基础材料，很大一部分用追溯语源的办法取得。这种方法是修昔底德发明的、天才的向回推理方法的原型。非希腊的词或希腊的然而意义不明的词，都可以用分解为希腊语词根的办法得到理解："黑海"在波斯语中称为"阿赫沙伊那"，即"黑色的"意思。但是，希腊人却把"阿赫沙伊那"理解为"阿克谢诺斯"（ξενος），即"不好客的"意思。赫耳墨斯的不可理解的形容词 Ἀργειφόντης 被理解为"阿尔戈斯（Ἄργος）的凶手（φονεύς）"。狄俄尼索斯的名字，则可以从 Ζεύς、Διός［宙斯］和 Νῦσα［半岛，即狄俄尼索斯的诞生地］来解释，等等。城邦、民族和国家的名称，常常被认为从它们的建立者和始祖的名字派生出来：阿伯德拉人的名字仿佛是从神或英雄阿伯德拉的名字来的，阿尔戈斯城的名字是从阿尔戈斯来的，科林多是从英雄科林多的名字来的，米利都城是从米利都的名字来的，等等。

这一细致的科学研究工作的全部详细情况，我们已经不得而知，但是，不仅在肃剧和神话作品中，而且在希腊的历史作品中，我们都可以看到这种工作的现成结果。

生活在公元前1世纪的哈利卡尔那索斯人狄俄尼修斯①这样说明这些著作：

> 他们当中的一些人写希腊的故事，另一些人写外方人的故事，但他们不把它们相互联系起来，而是按民族和城邦分配，把一些和另一些区分开来叙述。他们所追求的是同一个目的：把只保存在地方居民那里、分散在各民族和城邦的一切回忆，让人们都知道。这些回忆正是在神殿和其他公共设施中保存的记录，就像人们找到它们时那样，不给它们添加任何东西，也不从它们中减去任何东西。其中有一些由于古

---

① Dionys. Halicarn. De Thuc., c. 5。米申柯，前揭书，卷一，页 XXXI 有这段引文的原文和译文。

老而得到人们相信的神话,还有一些在今天的人们看来过于天真、令人感动的故事（θεατριχαί τινες περιπέτειαι）。

这大概首先就是指我们要谈到的米利都人赫卡泰厄斯说的。①

赫卡泰厄斯出身显贵（根据他的说法，他的第十五代祖是神②），是自己城邦最有影响的人物之一。他是一个练达的政治家：他熟知波斯人的人数和财力，劝告自己的城邦民不要发动反波斯人的起义。当伊奥尼亚起义爆发时，他劝告伊奥尼亚联盟的成员，把米利都附近狄杜玛阿波罗神殿的宝库充作军费，因为如果不这样做，它们便会落到波斯人手里；但是，联盟者由于迷信，害怕神报复，没有接受他的劝告。③ 在战争中，他又劝告伊奥尼亚人放弃大陆，任凭波斯人劫掠，全部移居到勒洛斯（Leros）岛，这就是说，像后来离开城邦移居到萨拉米斯去的雅典人那样。但他们在这一点上也不听他的话。④ 由此，我们看到，他是伊奥尼亚联盟当中最有才智的政治家和领导者之一。

赫卡泰厄斯的著作只保留在后起著作的引文里。其中一个著作叫《系谱》，另一个叫《大地的巡历》（两卷，第一卷谈欧罗巴，第二卷谈亚细亚）。赫卡泰厄斯关于大地的那些概念的基础，是一个先验的几何图式，是荷马通过泰勒斯传给他的：大地是一

---

① 赫卡泰厄斯著作的残篇，被收集到 F. Jacoby, *Fragmente der griechischen Historiker I*, Berlin, 1923, 页 1–47。参见 Jacoby "Hekataios" 条，见 Pauly-Wissowa-Kroll, 第七卷，第 2666 栏以下。
② 残篇, 300（希罗多德,《原史》, 卷二, 143）。
③ 残篇, 第四卷（希罗多德,《原史》, 卷四, 36）。
④ 残篇, 第五卷（希罗多德,《原史》, 卷五, 124）。

个正规圆形的盘子，俄刻阿诺斯（Oceanus）在它的四周奔流。大地横着从正中分成两个相同的部分，北半部是欧罗巴，南半部是亚细亚。① 在书里还有关于植物和动物，关于生活方式和国家制度，关于风俗习惯、祭仪、神殿等许多地理上和人种上的报道。书中还有一个地图（πίναξ）。② 第一个这样的πίναξ［地图］由哲人阿那克西曼德（Anaximander）刻在了铜板上。

作者从一开头便宣布自己信奉新的唯理论科学。

> 米利都人赫卡泰厄斯是这样说的。我所写的都是我认为符合实际的东西，因为希腊人的意见很多，各式各样，而且在我看来又驳杂。③

不言而喻，在没有任何资料可以据以检查传统的情况下，对真理的这种探求，当然会走向我们已经知道的唯理论的解释，走向修正或缩改传说；像后来修昔底德那样把神话材料从历史中清除出去，在赫卡泰厄斯的时代，任何人都还不可能想到。例如，传说中的刻耳柏洛斯（Cerberus），即地狱中的三头狗，被赫卡泰

---

① 希罗多德，《原史》，卷四，36。
② 残篇，第 12 卷 a-b。
③ 在另一个地方（残篇 30），甚至保存了带有直接语气、具有特色的故事体：

> 凯科斯命令海拉克列达伊族立刻离开他的国土。要知道我没有力量帮助你们，到另一个民族那里去吧，不然的话，你们便会灭亡，而对我也没有好处。

厄斯变成了一条住在拉刻尼亚（Laconia）的毒蛇；人们称它为"地狱之狗"，是因为凡是被它咬到的必定死亡。

但是，就是赫卡泰厄斯也不能不屈服在伊奥尼亚故事的魅力之下——尽管进行了唯理论的加工，我们仍旧在他著作的残篇里找到了真正的故事。例如，他叙述说，狗如何生了一块木头，这块木头给埋到地里，结果生出了长着多架葡萄的葡萄蔓。由于葡萄酒在希腊语中叫作"欧伊诺斯"，为了纪念这架葡萄，这个地方的国王就被称为"欧伊涅欧斯"（残篇，1a）。

然而这是例外：通常保存到今天的赫卡泰厄斯著作的片段，是以一种求实、科学的格调写成；当经过唯理论的加工，他所报道的故事仍不可信的时候，他自己便会指出这一点。例如，关于传说中的侏儒，他这样讲：

> 侏儒居住在上埃及的俄刻阿诺斯；他们是勤劳的农夫，尽管他们身材如此矮小，以致连麦穗都不得不用斧子砍。这不仅可笑且不可信，然而人们却这样传说。（残篇，328b）

赫卡泰厄斯并不是唯一与希罗多德同时的史家。与希罗多德大概同时的，还有《拉姆普萨科斯编年记》的作者拉姆普萨科斯的卡龙（Charon of Lampsacus），潺提勒涅的赫拉尼科斯，《吕底亚史》的作者克桑托斯，写过《居鲁士传》的米利都人狄俄尼修斯和其他人等。希罗多德没有引用他们当中任何一个人的作品；我们已经看到，如果注意到古典时期的写作习惯的话，则这一点还不能证明希罗多德没有引用过上述各家的作品。人们常常提出这样的假说，即希罗多德在他著作开头部分用过卡龙和克桑托斯的作品，而在他著作结尾的部分用过狄俄尼修斯的作品；不过这种说法只是毫无根据的猜测而已。

然而，我们却有根据认为，希罗多德借助于这一远古史学的地方很少。因为这种史学的典型特色是：对神话进行肤浅推理；对人种和地理方面事物具有广泛兴趣；对年代学的兴趣和各种编年方法的出现；语言枯燥，缺乏艺术上的加工。这些特点中的大部分，希罗多德完全没有，或者他在极其微不足道的程度上才表现了这样的特色。

在希罗多德的著作中，我们还可以看到他应用了上面提到的一些古典史学的原则（页108以下）。但是，这些原则是他从他的先驱者那里承接过来的，这样的原则大部分只是在引用赫卡泰厄斯著作的地方才可以遇到，而对希罗多德本人来说却不具有典型性。例如，在神话里，一只黑色的鸽子飞到多多纳来，它起初只是叫，后来突然发了人言。希罗多德在第二卷第56节中用唯理论的办法，错误地解释了这个神话：一个黑皮肤的埃及女人来到多多纳，起初她讲埃及语，后来她学会用希腊语讲话。同样，希罗多德认为不可信的是，特洛亚人竟愿意为了一个妇女忍受贫乏和破灭；因此，继斯忒西科罗斯（Stesichorus）之后，他认为在特洛亚只有海伦的幻影，特洛亚人无法把海伦的身体归还给希腊人（卷二，120）。

希罗多德还使用复制的办法。例如，根据祭司们的说法，推罗的赫拉克勒斯神殿是在希罗多德之前两千三百年修建的（卷二，44），而根据埃及人的精确计算，赫拉克勒斯本人却活在希罗多德之前一千七百年："既然埃及人已经算出了年代，而且又把它们加以记载，可以知道他们对这一切知道得很清楚。"（卷二，145）可是，希腊的英雄赫拉克勒斯，即安斐特吕翁（Amphitryon）和阿尔克墨涅（Alcmene）的儿子，只是希罗多德之前九百年的人。这就是说，那些认为有两个赫拉克勒斯——一个是神，一个是英雄——的人对了。同样的，希罗多德在同一个地方证明，有两个狄俄尼索斯，两个潘（Pan，卷二，145），并且和那些把他们等同起来的人进行论辩（卷二，146）。

在另外一些情况下，相反地，希罗多德却使用折中主义的办法。例如，由于一些神话很类似，他就把埃及的神和希腊的神等同起来了：阿姆蒙（Amun）等于宙斯（卷二，42），欧希里斯等于狄俄尼索斯（卷二，144），赫洛斯（Horus）等于阿波罗（卷二，144）；阿拉伯的神欧洛塔尔特（Orotalt）也等于狄俄尼索斯（卷三，8、111），阿芙洛狄忒等于亚述的米莉塔（Mylitta，卷一，131），宙斯等于西徐亚的神帕帕俄欧斯（Papaeus，卷四，5、59、127），等等。

在希罗多德的著作中，我们还看到回溯语源的办法。例如，第二卷第52节"他们（译按：指佩拉斯基人）称它们为神，因为一切事物和这些事物的适当分配，都由它们来安排"。城邦和民族根据它们氏族祖先或建立者的名字来称呼，这些人的名字可以用语源学的办法加以理解：波斯人的名称来自珀尔瑟斯（卷七，61、150），阿伽杜尔索伊人的名称来自阿伽杜尔索斯（Agathyrsus，卷四，10），亚细亚的名称来自亚细亚（Asia），这个亚细亚是普罗米修斯（Prometheus）的妻子，一说是科图斯（Cotys）的儿子（卷四，45），阿姆斐克图翁涅斯（一个语源显明易见的词，它的意义是"生活在周边的人们")是从阿姆斐克图翁（Amphictyon）来的（卷七，200），希腊人是从海伦（Hellen）、多里斯人是从多洛斯（Dorus）来的（卷一，7、171；卷七，74）。美西亚人是从缪索斯来的（卷二，171），埃及人是从国王埃吉普托斯（Aegyptus）的名字来的（卷二，182），图勒塞尼亚人（埃特鲁里亚人）是从图勒赛诺斯（Tyrrhenus）的名字来的（卷一，94），西徐亚人是从斯基忒斯的名字来的（卷四，10）；德克勒阿人（Deceleans）是从德克洛斯（Decelus）的名字来的（卷九，73）等等（不言而喻，希罗多德在所有这样的情况下，只是重复当时流行的观点）。有时，他由于偶然声音上的相同而使用回溯语源的办法：伊娥在埃及生的俄帕弗斯（Epaphus）就是阿庇斯（卷二，153；卷三，27），波斯人是珀尔修斯的后裔（卷六，54）。只是在一个情况下，希罗多德排斥了这种大家公认的语言派生的方法，这大概是他为了表示和赫卡泰厄斯不同的意见：欧罗巴（地名）不可能是为了纪念欧罗巴而有了这个名字，因为后者是腓尼基人，她从来没有在欧罗巴住过（卷四，45）。

希罗多德的年代，也是根据他的先驱者们的原则编定的，即每三代一百年。①

在他的著作里，有理由的替换原则以上述同样的古典形式加以应用：不单单否认某一个英雄做了什么，而是指出他想做什么，但是神不允许他做。例如，根据雅典人的说法，阿德曼托斯统率

---

① 卷一，17、13；卷二，44、100、142、143；卷六，98 等；参见米申柯，前揭书，卷一，页 CIV。

的科林多人在萨拉米斯战役的时候,从战场上逃跑了;但是,根据希腊通行的说法,阿德曼托斯和他的船只参加了战斗,并且作战英勇。这些说法是这样结合到一起的:科林多人打算从战场上逃跑,并且已经离开战场了,但是神在路上阻住了他们,使他们返回,他们不得不参与战斗(卷八,5)。同样,波斯人也曾打算劫掠德尔斐神殿,然而神阻止他们这样做(卷八,36 – 39)。

另一个例子更典型。根据波斯人的说法(卷三,l6),阿玛西斯被冈比西斯烧死了。这一点完全不可信,因为不论根据埃及的还是波斯的风俗习惯,尸体都不允许被焚烧。尽管如此,由于事实本身为 φήμη [流言] 所肯定,因而它便没有受到否定,而是给了它另一种解释:

> 正如埃及人所说,尽管如此,他们这样处置的对象并不是阿玛西斯,而是另一个身量相同的埃及人,波斯人却以为这是阿玛西斯的尸体,因此便对它任意侮辱、玩弄。①

然而,这一切都不是希罗多德的特色。他的原则("我的职

---

① 亚里士多德在他的《雅典政制》(第六章)中报道的、公元前 5 世纪末雅典民主作家的类似的方法,可以和它相比较。仇视梭伦并想诬蔑他的寡头,硬说好像他在取消雅典的债务时,想使他的朋友们发财,因而暗中把这个措施告诉了他们;他们于是借钱买了土地,而当债务被取消的时候,他们的土地便等于白得。民主派根据当时史学方法的精神,不敢否认这个事实本身,却给了它另一种解释:梭伦由于天真才把他所拟定的措施告诉了朋友们,但是他并没有想到,他们利用了他的信任;朋友们辜负了他的信任,他们购买了土地,结果大发其财。

责是把我所听到的一切记录下来,虽然我并没有任何义务相信每一件事情"),使他能够非常纯朴、美丽地报道民间故事,却不对它们作唯理论的解释。

诚然,说希罗多德从赫卡泰厄斯的著作中借用了许多东西,这一点可以认为丝毫不容置疑(古典作家也可以直接证明这一点)。① 然而,说希罗多德只是从形式上改变并且补充了赫卡泰厄斯的作品,这种观点却完全不正确。古典历史作家基本上只是传抄和不过稍稍改变了在他们之前的史家(一个人或几个人)的著作,这种轰动一时的 Einquellentheorie [一源说],一般说来早已破产。把这个理论用到希罗多德身上,更不能成立。希罗多德的著作是地道的有独创价值的作品,其基础首先是他个人的观察,是他从幼年时代便熟悉的故事,以及他从地方居民那里打听来的事情(ἱστορίη)。同时,希罗多德又是当时最有教养的人物。因为希腊文献在那时流行范围还很小,容易全部看到,因此,可以相信,除了少数例外,希罗多德熟悉当时他所能看到的一切比较流行的文献。② 当然,在这里我们所指的是希腊文献。希罗多德直接使用埃及和波斯《年代记》的情况则是例外,因为除了希腊语之外,他不懂其他任何语言。但是,在他的《原史》当中,有若

---

① 关于赫卡泰厄斯对希罗多德的影响,参看"史家希罗多德"一节。
② 在诗人当中,希罗多德经常引用的是荷马、赫西俄德、史诗歌咏者、普洛孔涅索斯的阿里斯特阿斯(Aristeas of Proconnesus)、阿尔齐洛科斯、阿尔凯奥斯(Alcaeus)、萨福(Sappho)、阿凯俄斯(Achaeus)、梭伦、拉索斯(Lasus)、西蒙尼德斯(Simonides)、品达、弗吕尼科斯(Phrynichus)、埃斯库罗斯,以及巴奇斯、缪赛俄斯(Musaeus)和欧列诺斯(Olenus)的名言等等。参见米申柯,前揭书,卷一,页 CXXII。

干事实（例如波斯大道上驿站的数目和站与站之间的距离）毫无疑问是从这些《年代记》取得的史料。这些史料可能只是从第三手来的，比方说，还是来自那个米利都人狄俄尼修斯。

希罗多德可能还读过和利用过雅典智术师派文献之前的那种伊奥尼亚文献。可能作者从这种文献沿用了许多引人注意的论断，例如，关于王权起源的论断，关于民主、寡头和君主统治方式优缺点的论断，以及关于语言起源的论断；从这类文献中，还可能引用东方风俗习惯和希腊风俗习惯的比较，同时着重指出所有这些风俗习惯的有条件性。下面一种论断特别易使人联想到后来智术师派的文献：

> 在必要的时候，可以说谎话。不管说谎还是讲真话，我们都是为了达到同一个目标。说谎话的人这样做是为了取得信任，并通过他的欺骗得到好处，说真话的人则希望真话会使他得到益处和更大的信任。因此，我们只不过是用不同的办法达到相同的目的罢了。（卷三，72）

所有这一切论断，都使我们联想到保存至今的智术师派论文《双重的言语》，和智术师希琵阿斯（Hippias）和安提丰的论断。把所有这些论断都放到波斯人和埃及人的嘴里，对此我们不应当觉得奇怪：这在古典哲学以及诡辩术里，是一个常见的方法。

然而，不应当低估希罗多德本人的功绩，而把他看成只是一个"伊奥尼亚诡辩术"的模仿者。恰恰相反，希罗多德那些尽管朴素然而天才的道德方面的奇谈怪论，在很大程度上，是伊奥尼亚诡辩术中相应论断的原型和原始史料。①

笔者发现这样一个情况,② 即希罗多德放到波斯御医、希腊人德默克德斯嘴里的两句格言,以及他放到波斯人嘴里的某些格言,经其他作者证明,都是村社克利特的话。这使我们有理由认为,德默克德斯和这些波斯人所讲的话,是希罗多德和村社克利特从同一个史料引用来的。最后,希罗多德还利用了当时十分流行的贤者名言录,特别是佩里安德罗斯（Periander）的名言录。

对于希罗多德的《原史》来说,特别重要的史料,不仅仅是德尔斐神殿祭司口述的故事,还有保存在这里的关于阿波罗神谕的文献"档案"。阿波罗神托所垂示的每一个神谕都永久有效,这就是说,它们可以在不同的情况下多次应验。③ 因此,神谕被细心地以特别的 *ὑπομνήματα* [记录文献] 的形式保存下来。

> 希罗多德的主要史料,是德尔斐神谕的 *ὑπομνήματα* [记录文献]……这是神的名言汇编,这些名言都附有具体语境,说明每一个神谕在什么情况下说出,又如何应验。这是历史

---

① 据我所知,最初提出这个论题的,是 Б. Б. 玛尔古列斯所作的口头报告。
② 卢里叶,"Demokrit, Demokedes und die Perser",见《苏联科学院报告》,1929 年,页 137 以下。
③ 比较修昔底德《战争志》（卷二,54,3）:

在这种情况下,这样的意见占了上风,即神谕里指出了瘟疫（*λοιμός*）。而我以为,如果在这一战争之后的什么时候,爆发另一次多里斯战争并同时发生饥馑（*λιμός*）的话,很可能,那时这个神谕应当读为 *λιμός* [饥馑]。

和宗教箴言的一个极好的汇编，它不仅包括希腊世界，而且适用于这个神的威力所能达到的超出希腊的地区。其中记述了世界历史上最大的一些变故（例如，克洛伊索斯的垮台）和著名人物的遭遇（例如，欺骗朋友的斯巴达人格劳柯斯）。这些记载是德尔斐年代记的代用品，希罗多德从中汲取了自己那些最美丽的故事。我们的大部分传统保存了德尔斐的这种色彩。不言而喻，如果过分夸大德尔斐祭司们的重要性，以致把德尔斐神谕变成了希腊的教主，从方法论方面来说极其不恰当。不过，不容置疑的是，这里保存的作品，在历史上和诗作上具有无可估量的重要性。当然，这是一部只为少数人使用而非为着普遍推广的作品。①

尽管这些记载内容非常丰富，尽管它们有很大的诗歌价值，它们的历史价值还是非常可疑，因为它们经过改编，甚至是 in majorem dei gloriam［为了神的更大的光荣］伪造的。

关于这类记载的性质，可以从保存到今天的埃皮道洛斯（Epidaurus）的阿斯克勒皮俄斯（Asclepius）神殿的类似石刻"文献"加以判断。这里不仅叙述了完全不可信的治愈事例（神使生下来甚至没有眼珠的瞎子恢复了视力，并且使打得粉碎的瓦罐重新变完

---

① Wilamowitz-Moellendorff, *Aristoteles und Athen*, Berlin, 1893, 页 283 – 284; 和他的意见不同的是 Oeri 的 *De Herodoti fonte Delphico*, Basel, 1899。此外，希罗多德还使用了巴奇斯和缪赛俄斯的预言集。还可参见布捷斯库尔，上引著作，页 74；Sayce, *The Ancient Empires of the East. Herodotus*, I – III, Lond., 1883。

整),还对不信神或指责神的人,进行了伪装的论辩,不过采取的方式,比在希罗多德的德尔斐故事中采取的更加粗糙和朴素。对神采取严重怀疑态度的雅典人,受到了特别严厉的非难。例如:

> 雅典人阿姆布洛西娅来祈求神给她治病,然而,当她巡视神殿并读到有关治愈事例的铭文时,她却嘲笑某些治愈的例子,认为不可信和不可能。但是,当她在神殿里睡着的时候,她却做了一个梦:她梦见神站在她的床边,说可以使她恢复健康,但是要求她痊愈之后,为了报答治疗之恩,要向神殿奉献一只银猪,作为自己无知的象征。神说了这话之后,拨开了她那只不能看的眼睛,把药注到里面。到天亮的时候,她便健康地离开了神殿。

> 正当祈祷的人们等待神的时候,埃斯奇涅斯爬上了树,从那里窥视神殿的圣所。但是,他从树上跌了下来,摔到了飞廉(一种植物)上面,结果把两只眼睛刺瞎了。他感到疼痛而且瞎了,于是,他自己就求神,这样便再度恢复了健康。

只有极其轻信的人,才会相信这些记载里提到的一切。在这些故事当中,有一些由于也流行于各个不同民族那里而为我们所熟知,它们是各民族共通的题材,托尔斯泰院士在自己的论文中已经注意到了这一点。[1]

---

[1] И. И. 托尔斯泰,《不成功的治疗:和俄国故事相似的古典故事》,见《语言与文学》,卷八,页 246-263。

和其他类似的史料不同,希罗多德在一些情况下,并没有遵守他表述的下述原则,即"我的职责是把我所听到的一切记录下来,虽然我并没有任何义务相信每一件事情"。他每提到德尔斐的史料时,总是附带着相应的教训,却从来不肯对它们加以批判。① 关于希罗多德和德尔斐的祭司们过从甚密以及希罗多德和他们有政治上的联系一事,我们在前面各章里已经谈过了。

从希罗多德的著作还可以清楚看到,他对于古代纪念物和墙壁上的铭文有很大的兴趣。② 例如,希罗多德知道萨摩斯和埃吉纳之间的战争,显然或者是由于铭文,或者是由于古老的年代记:这一点从依照萨摩斯国王而定的古老的记年法(卷三,59)可以看得出来,这种记年法在希罗多德著作的其他地方难以看到:ἐπ' Ἀμφικράτεος βασιλεύοντος ἐν Σάμῳ [当阿姆斐克拉特斯做萨摩斯国王时]。

然而,正像赛易斯(Sayce)指出的,希罗多德的碑铭学方面的知识并不很高明。他在书中写道,他在忒拜亲自看见过用"卡德美亚"字母刻写的铭文,铭文的内容是:"安斐特吕翁从特勒伯安人(Teleboan)的地方来奉献了我"(卷五,59),这就是说还在特洛亚战争以前的时候。如果说"卡德美亚"是指最古老的希腊(腓尼基)文字的铭文(这一点从希罗多德的前后文可以推知),那么,毫无疑问,这是伪造。③ 如果"卡德美亚"文字是指

---

① Jacoby,前揭书,第 250 - 251 栏。

② 卷二,126、141(向导译给希罗多德的埃及铭文);卷四,87、88、91;卷五,77;卷六,14;卷七,228(赫勒斯滂,萨摩斯,忒拜克,雅典,温泉关的希腊铭文,希罗多德本人亲眼看到);卷五,59("卡德美亚的"铭文,见下)。

③ 参见 Sayce(前提书,页 117,注释 1);米申柯,前揭书,卷二,页 XIV。

克里特–迈锡尼文字，则显而易见，祭司们告诉他的那些迈锡尼文字符号的意义是乱猜的。希罗多德引用的其他伊奥尼亚起义和希波战争时期的铭文，毫无疑问是真的，并且在历史上十分值得注意。至于他引用的那些内容显然荒谬的埃及铭文，则责任不在不懂埃及语的希罗多德，而在他的翻译者。

口头史料在希罗多德的著作中最重要——这是那些和他谈话的人亲身观察和直接打听来的东西。这些人上至国王和其他国家当政者，下到偶然遇到的人和引路人，不一而足。

有时，我们在希罗多德的著作中可以看到十分锐敏和机警的观察。根据祭司们的叙述（卷二，10），埃及的土地淤积而成：由尼罗河河水沉积下来的淤泥形成。希罗多德认为祭司们的话可信（卷二，12）：

> 因此，关于埃及，我相信这样说的人们的话，而且我自己也完全信服。因为我看到，尼罗河在离相邻地区相当远的地方流到海里，在山上可以看到贝壳，地面上到处都蒙着一层盐[气]，以致附近的金字塔都要受到损害，而埃及的唯一的砂山就是孟菲斯上方的那座山；此外，埃及既不像与之相邻的阿拉伯的土地，又不像利比亚，也不像叙利亚……它是一片黑色碎土的土地，仿佛是从埃塞俄比亚（Aethiopia）那里的河流带下来的泥和冲积土。

在许多情况下（可惜并不总是这样），希罗多德认为必须把下列两种情况区别开来，一种是他亲自观察之后因而认为毋庸置疑的真理，一种是他道听途说的内容：

> 我便在科尔启斯和埃及两地对当地人加以探询。（卷二，104）

> 以上所述都是我个人亲自观察、判断和探索的结果，下面我再根据我所听到的，记述一下埃及的历年事件，这上面再加上一些我自己看到的东西。（卷二，99）

> 我本人没有见过这座像，但我这里是照着迦勒底人告诉我的写的。（卷一，183）

> 上述这一切当中，开头部分是多多纳的女祭司们讲的；关于赫西俄德的后面的部分，则是我自己说的（ἐγὼ λέγω）。（卷二，53）

> 我们自己看到了地上面的［迷宫］，所以现在只讲看到的部分；地下面的那一部分我们只是听别人讲的。（卷二，148）

把情况告诉希罗多德的人常常是权威人物。例如，可以相信，他有可能和马其顿国王亚历山大一世以及亚历山大的亲信们亲自交谈（参见页30）：谈到马其顿人就出身来说是希腊人的时候（卷五，22），希罗多德指出，

> 佩尔狄卡斯（Perdiccas）的这些后裔，像他们自己所说的那样，是希腊人。这件事我自己是偶然得知的，在我的史

书后面还要证明这件事。

在另一个地方,他代表同样那些马其顿人,报道了关于西勒诺斯(Silenus)被俘的传说(卷八,138)。这一点使我们有理由认为,关于亚历山大一世英雄伟业的故事(卷五,17-21),是以这位国王个人的说法为依据。希罗多德很有可能从之前的斯巴达国王德玛拉托斯那里得到了相关情况。

旅行的时候,希罗多德并不满足于在道上偶然听到的东西,而会故意离开正式的旅途,去多看一些地方,以便得到一些详细情况。例如,用他的话说,他抱着特殊的目的到忒拜和赫里欧波利斯(Heliopolis)去,

> 专门要去对证一下那里的人们所讲的话,是不是和孟菲斯(Memphis)的祭司们所讲的相符合。赫里欧波利斯的人们素称对埃及人的历史掌故最熟悉。(卷二,3)

在另外一个地方,

> 在这件事情上,我可以不管从什么方面得到确切的知识,我到腓尼基的推罗那里做了一次海上旅行,因为我听说,在那里有一座很受尊崇的赫拉克勒斯神殿。(卷二,44)

> 我曾有一次到阿拉伯的几乎对着布托城(Buto)的一个地方,去打听关于带翼的蛇的事情。(卷二,75)

> ……我亲身上行到俄勒梵提涅去视察,并且对从那里再向上的地区根据传闻加以探讨。(卷二,29)

> 我本人没有见过这座像,但我这里是照着迦勒底人告诉我的话写的。(卷一,183)

在希罗多德的著作里,像上面所引的话相当多。但是他认为自己并没有义务在每一种情况下都做这样的声明。在绝大多数情况下,他并不做这样的声明。

从上面所说的可以清楚看到,希罗多德报道的质量要根据他所使用的史料来定。在他那个时代,史料学的水平一般说来还不很高:当谈到的是和他相去不远的希腊人的故事时,希罗多德至少清楚地懂得人们告诉他的是什么,因而可以把不同的说法拿来加以对比,并根据告诉他的人的权威性,以及自己对希腊人历史和风尚的熟悉程度,独立地做出什么真实、什么不可信的判断。但当谈到人们不清楚的遥远古昔的事件,或者谈到非希腊各民族的故事时(这些民族的语言、风尚、历史他都不知道),他便失去了所有这些标准,不得不满足于最初遇到的(他们常常没有什么知识)一些人告诉他的故事,只因为这些人懂得希腊语罢了。例如,他在埃及时便处于这样的情况之下。希罗多德依靠通译($ἑρμηνεῖς$)到什么程度,可从这样一个事实看出,即他想夸大他们在埃及的重要性和数目,甚至认为他们是单独的一个阶级($γένος$),和其他的六个阶级并列,这六个阶级是祭司、武士、牧羊人、牧猪人、商贩和舵手(卷二,164)。这些职业向导为了工钱，当然不会花费时间检查他们报道的东西在历史上是否可靠，但他们却力图使自己讲的事情尽可能吸引人，尽可能使人们的想象力感到恐怖和惊讶。①

因此，下述情况便毫不足怪了：在希罗多德的著作中，埃及国王的系谱变得几乎和历史毫无关系。埃及强国存在了一万五千年以上。最初统治的是神：他们当中每一个神的统治时期都很长。希罗多德虔诚地相信埃及的神曾经在大地上统治过。他反对这样一些学者（可能是米利都的赫卡泰厄斯）的尝试，他们使用复制的办法，把天上的埃及神，和偶然与天上的神同名因而与神相混的地上国王区别开来（卷二，146）。在地上的国王当中，希罗多德认为第一个人是闵（Min），这就是美涅斯，美涅斯实际上是公元前3400年左右的远古法老之一（卷二，99）。在这之后，是330个国王，其中只有两个人有比较显著的成就；因此，其余的国王可以略去不谈。这两个人是尼托克丽丝（Nitocris）女王（这个人显然完全是个神话人物）和上述国王当中的最后一人莫埃里斯（Moeris），莫埃里斯大家认为是在公元前19世纪末统治的国王阿美涅姆黑特三世（Amenemhat Ⅲ；卷二，101）。再后面是塞索斯特里斯（Sesostris；卷二，102-110），在这个人身上我们看

---

① W. W. How 和 J. Wells,《希罗多德笺注》(*A Commentary on Herodotus*), Oxford, 1928, 卷一, 页422：

> 我们可以想象有这样一个聪明的外国人，他根据威斯敏斯特教堂（Westminster Abbey）或坎特伯雷（Canterbury）的圣保罗教堂的勤务人员的叙述来编写英国史。这一点便使我们能够清楚地想象到，有着这一类史料的希罗多德处于何等困难的地位。

到了第十二王朝（公元前 2000 年左右）的国王谢努塞尔特和著名的征服者拉姆捷斯二世的综合形象。后面我们还看到斐洛斯（Pheros；卷二，111）——显而易见，这里"法老"的头衔被理解为固有名词了（有意思的是，在《圣经》里，犹太人出埃及时期的国王叫作法老）。再后面是埃及传说中的国王普洛特俄斯（Proteus），这是从希腊神话中借用的人物；根据荷马的说法，他活在公元前 12 到前 10 世纪，即特洛亚战争时期。再后面（卷二，124-136）提到的是历史上的法老，即在公元前三千纪初统治的克欧普斯（Cheops）、克弗伦（Chephren）和米刻里诺斯（Mycerinus）！再后面是阿努西斯（Anysis；卷二，137），看来他和谢寿恩克和圣经中的苏萨克是一个人（这个历史上的法老的统治时期是公元前 10 世纪）等等。

从这个系谱便可以看出，希罗多德著作中关于新王国末期以前埃及历史的叙述，多么不可信。① 根据最权威的埃及史专家施皮格尔博格（Spiegelberg）的说法，这个系谱只不过是"类似中世纪逸事的、对古迹的推源论故事"的总集。

例如，希罗多德叙述说（卷二，107），塞索斯特里斯从烧着了的家里逃出来，跑到由他儿子们的身体架成的桥上去。根据施皮格尔博格的意见，这是向导为了说明常见的、胜利的法老在敌

---

① 参见 A. Wiedemann, *Herodots zweites Buch mit sachlichen Erläuterungen*, Leipzig, 1890; W. Spiegelberg, *Die Glaubwürdigkeit von Herodots Bericht über Aegypten*, 1926; W. W. How 和 J. A. Wells, 《希罗多德笺注》，前揭书（《希罗多德在埃及》["Herodotus in Egypt"]，《与希罗多德相关的埃及历史》["The History of Egypt in Relation to Herodotus"] 和《希罗多德论埃及》["Herodotus on Egypt"] 诸文，页 411、414、453）。

人头上行进的图像编造出来的。可是，对于撒伊斯时代（公元前7至前6世纪）来说，他的故事却有"无可估价的意义"，因为他为我们"有头有尾地叙述了在他之前千百年的埃及历史，这段历史时期的埃及文献古迹，几乎什么也没有保存下来"。从另一方面来说，施皮格尔博格又着重指出，"希罗多德亲眼看到的一切的可信性容易证明"。他用许多实际的例子证明了这一点。

这样看来，希罗多德的史料极其多样。他的史料里有历史著作，有另一类的科学文献，有宗教内容的记录，有古物，而首先是个人观察和探询的资料。由于这些史料的可信程度不同，希罗多德报道的价值也就大有区别。再说，我们下面会看到，希罗多德十分热心地参加了他当时的政治生活，和任何一位大史家一样，他写作时从来不是 sine ira et studis［毫无愤慨、毫无偏袒］。

可是，有一点丝毫不容置疑：这位作者极其正直和诚恳。① 普鲁塔克在其著作《论希罗多德的阴险》一文中对希罗多德的非难没有任何价值，普鲁塔克这样做，乃是由于他对史家的任务抱着与我们根本不同和根本错误的看法。如果作为历史著作来说，希罗多德的作品不能完全使我们感到满意的话，那么，原因一方面在于告诉他事情的人们许多都不可靠，另一方面，是由于其眼界的历史局限性。

---

① 在这方面，A. H. Sayce 的划时代著作《古代的东方帝国》（前揭书）可以认为完全过时和被驳倒了，尽管他曾正确地指出希罗多德关于古埃及的故事在历史上不可靠。比较米申柯的一篇同样过时的论文《对于希罗多德的过于严厉的审判》，前揭书，卷二。

希罗多德著作的历史[1]

一经接触希罗多德的著作，我们就可以清楚看到，在他刚刚执笔写作的时候，他并没有要写一部希波战争历史的意思。他的著作开头这样说：

> 图里俄伊[2]人希罗多德的探究呈现于此：为的是保存人类的功业，使之不至于年深日久湮没无闻；为的是希腊人和外方人那些值得赞叹的丰功伟绩，尤其他们彼此交恶的原因，不至于失去光采。

对于这些话，他在第一卷第5节做了解释：

> 下面，我想指出据我本人所知最先向希腊人行不义的那

---

[1] 希罗多德的《原史》是 F. Jacoby 研究著作的主要内容（见上引著作，第281－419栏）。这里，我们简短提供他在细心分析希罗多德著作的基础上得出的引人注意的结论。在另一群学者中，论证最详细的是 A. Kirchhoff, *Über die Entstehungszeit des herodotischen Geschichtswerkes*, Berlin, 1878；根据这种观点，希罗多德的著作是根据统一的、预先想好的总计划写成的。不过在我看来，这种说法与事实相抵触。

[2] 本译本根据修德本，译为"哈利卡尔那索斯人"。

个人,然后再继续我的探究,并且对大小城邦一视同仁。因为,先前强大的城邦,现在有许多都已今不如昔;而在我的时代雄强的城邦,往昔却十分弱小。

显而易见,在写这个序言的时候,希罗多德还没有给自己提出写希波战争史的任务。他的主要任务就是报告自己的旅行,同时说明希腊人和外方人那些最伟大和最主要的设施。

在记述这些设施的时候,每次都会先交代几句(古迹在什么地方,作者怎样到了那里,在什么条件下看到了使他感兴趣的古迹等等),还要提一提这个古迹产生的简短历史,更准确说,就是这个古迹产生时该国的历史。如果再加上对当地居民生活方式的一些观察的话,那么我们便看到了带有人种志倾向的典型的 περίοδος [旅行记、风土志],而且对于 περίοδος [旅行记、风土志] 来说,特别引人注意的是,作者对于大小城邦一视同仁。

可是,希罗多德的著作从来不具有纯粹 περίοδος [旅行记、风土志] 的性质:对他来说,περίοδος [旅行记、风土志] 在很大程度上是起衬托作用的故事,在这当中还要加进许多美丽的故事,这样的故事是希罗多德著作第一部分的特色。我们没有权利假定,希罗多德的著作曾经没有这些插入的故事,也没有任何历史的倾向。在希罗多德创作的早期,他显然已经有了这样一个想法,即把这部著作改编成一部巨大的关于亚细亚与欧罗巴斗争的史诗故事。上面我们提到的引语,便正和著作的这阶段有关系,在这里面,除了那些伟大的设施,还提到了欧罗巴和亚细亚之间爆发战争的原因 (αἰτίη δι' ἥν ἐπολέμησαν)。在写这段引语的时候,希罗多德还没有写出一部包罗万象的作品，但却已写出许多完全独立的 λόγοι [故事]，这便是记叙某一国家的国别卷；例如，他在自己的著作里便引用了 Αἰγύπτιοι λόγοι [埃及故事]（现在的第二卷），Ἀσσύριοι λόγοι [亚述故事]（未保存下来）①，以及其他等等。

柏拉图把那些游历的智术师的演说称为他们的"商品"；这种恰当的比喻完全适合希罗多德：他的 λόγοι [故事] 正是他在希腊旅行时向乐于接受它们的人出卖的商品。

这些 λόγοι [故事] 后来改编为一部统一的、完整的作品，这个工作做得既不深入，也不彻底。这些 λόγοι [故事] 到目前还保存了独立作品的性质。其中每一个都根据同样的布局写成：开头先说这个国家的自然概况及其地理位置，然后再谈它的居民的性格、生活方式和风俗习惯（νόμοι），再谈令人惊异和奇怪的名胜古迹，最后谈这个国家的政治历史。如果这些有机组成部分中的某一部分材料不足的话，就要作一个特别声明。例如，在第一章第93节就提到："吕底亚和其他国家不一样，它没有那么多足以令人惊异的事物让我叙述。"在第四章第82节，他说："这个地方（译按：指西徐亚）除了拥有比全世界其他任何地方都要大得多且多得多的河流之外，并没有什么值得惊异的东西。"埃及的 λόγος [故事] 甚至有独立的介绍（卷二，2-4）。

当希罗多德想到要写一部关于欧罗巴和亚细亚的斗争的著作时，他就不得不把这些 λόγοι [故事] 结合成一部书，补充一部分，

---

① 提到 Ἀσσύριοι λόγοι [亚述故事] 的地方，见卷一，106、184。可能希罗多德没来得及把它们写下来。

再压缩一部分。在这部著作里，有许多地方和亚细亚与欧罗巴之间的斗争没有任何关系。希罗多德认为，把他的材料从根本上加以改编是多余，他只是满足于做一些简短的插入，以便读者不会忘记他写此书的主要目的。例如，在著作一开头的地方他便声明，他的目的是要表明谁 ὑπῆρξε ἀδίκων ἔργων [最先行不义]，这就是说，谁是侵略者。在这个序曲之下，他就把几个东方的传说插了进来。在后面的各节，他经常加进一些东西，用来着重说明他的著作和亚细亚与欧罗巴之间斗争的联系。例如，在第一卷第 171 节，希罗多德在谈到哈尔帕哥斯征服小亚细亚和对卡里亚人的斗争时，他附加说："哈尔帕哥斯……迫使伊奥尼亚人和爱奥里斯人参加他的军队。"这样一来，他就把东方的历史和希腊人的历史联系到一起了。第二卷开头也完全这样，叙述到冈比西斯出征埃及的时候，他附加说，

> [冈比西斯] 把伊奥尼亚人和爱奥里斯人看成从他父亲手里继承过来的奴隶；他率领着其他在他统治之下的人们，并在他所君临的希腊人的伴随之下，远征埃及去了。

在叙述完埃及回来再叙述冈比西斯的出征时，希罗多德再一次重复说：

> ……冈比西斯率领在他治下的各个民族——其中包括属于希腊民族的伊奥尼亚人和爱奥里斯人——的军队进攻埃及……（卷三，1）

除去这些在波斯国王的军队中提到希腊人的地方以外,每一次都特别着重指出外方人征服希腊的某一部分,或相反地,希腊人征服亚细亚的某一部分(参见第三章第56节:"这便是拉刻岱蒙的多里斯人对亚细亚的第一次出征";第一章第6节:"据我们所知,这个克洛伊索斯是第一个制服了希腊人的外方人,他迫使某些希腊人向他纳贡,并和另一些希腊人结成联盟";第三章第138节:"这些波斯人最初从亚细亚到的希腊";第五章第28节:"从那克索斯和米利都方面再一次开始有灾祸降临伊奥尼亚人头上")。

借着这样一些方法的帮助,希罗多德的著作稍加修饰,就变成一部希腊人和外方人之间最初一些冲突的历史。但是,如果希罗多德从一开头便想记述希腊人和外方人的斗争,他当然不会写成这个样子。他的这些说明,几乎消失在大量和希腊人与外方人的斗争没有任何关系的事实里。如果他最初的目的就是这样,那么在个别 λόγος [故事] 结尾的地方,这样的摘要就不恰当了,例如,在第二卷第35节:

> 但是,关于埃及本身,我打算说得详细些,因为没有任何一个国家有这样多令人惊异的事物,没有任何一个国家有这样多非笔墨所能形容的巨大业绩。

又第三卷第60节:"我之所以这样比较详细地写到萨摩斯人,是因为他们是全希腊三项最伟大工程的缔造者。"

这样看来,就是希罗多德最后定稿的著作,也还保持了最初个别 λόγος [故事] 的明显痕迹,作者只是表面上给了这些 λόγοι

［故事］以关于欧罗巴和亚细亚之间斗争的性质。

无论如何，想记述希波战争的愿望，在本书目前形式下的第一部分，甚至没有提过一个字。如果细心研究本书前六卷，我们可以看到，欧罗巴和亚细亚之间的斗争，在这些部分是从波斯的观点叙述，而非从希腊的观点：表面上，这部书被分成了不同统治时期的历史——居鲁士、冈比西斯、大流士、克谢尔克谢斯。关于其他民族历史和人种志的报道，被嵌到这些统治时期的范围里面。只有从第五卷第29节开始，希罗多德的著作才有了新的性质，即条理分明的希波战争历史的性质。

为了更好地说明这一点，让我们简短看看书中材料的配置。

保存到今天的希罗多德的《原史》分九卷，每一卷上都冠以缪斯女神的名字。因此，他的全部著作有时称为"缪斯书"。这种分成九卷的办法，最初是亚历山大里亚的希罗多德注释家们想出来的。为了简单明了起见，我们可以把他的著作分成两部分：第一部分（第一卷到第五卷第28节）的目的是叙述希波战争以前的历史，很大程度上是人种志和民间传说的材料。后面五卷，从第五卷第29节开始，谈的是希波战争的历史，从伊奥尼亚起义起，到普拉泰亚战役（公元前479年）止。在这一部分，叙述方式相当严整，各种岔笔也少得多。

我们已经看到，一个简短的引言（第一卷第1－5节）提到了作者的名字，并且指出该著作的目的，更准确说，指出了该著作的两个目的——两个目的相互排斥，决定了这部著作缺乏统一计划。我们还看到，这里只字未提要记述这一战争本身的意图。希罗多德简短提到外方人和希腊人远古时期的冲突（这些冲突表现在相互劫夺对方妇女的事件上),认为"侵略者"不是外方人,而是希腊人。① 后面的话是对其叙述缺乏统一脉络的辩护:"……对大小城邦一视同仁"等等。下面接着是:

(1) 吕底亚的历史(卷一,6-94),这部分包括一系列和吕底亚历史有关的离题故事,以及偶尔偏离主旨的叙述(例如,斯巴达的历史、庇西斯特拉图斯的暴政、泰勒斯的预言、埃特鲁里亚的殖民等等)。

(2) 波斯的历史(卷一,94-卷四),这一部分依照国王来叙述:居鲁士即位以前的历史(卷一,95-140),居鲁士的历史(到第一卷结尾),冈比西斯的历史(卷二,1-卷三,60),大流士的历史(卷三,61-卷四;然而,在形式上,大流士的历史并未在第四卷结束,而是继续到第七卷结尾)。

这里,不把从属于居鲁士的小亚细亚希腊城邦的历史故事计算在内,我们就有了一些插入的故事,以及常常十分详细的历史岔笔:例如,在"居鲁士的历史"里,便插入了巴比伦的历史(卷一,178-200),而且还加入了关于马萨格泰人(Massagetae)的一些人种志方面的详细叙述(卷一,201、204-215)。"冈比西斯的历史",正像我们已经说的,形式上占整个第二卷和第三卷前60节的篇幅;然而,实质上,第二卷谈到冈比西斯的历史的只是开头几句话;除去这几句话,整个第二卷是一个特别的、自成体系的埃及 λόγος [故事],只表面上和冈比西斯的历史有联系罢

---

① 他把关于侵略者的这些话放到波斯人的嘴里,避免自己直接讲出自己的看法。

了（他［冈比西斯］……远征埃及去了）。这个埃及λόγος［故事］以法老阿玛西斯的统治结束，下面接着是一个承上启下的句子：

> 居鲁士的儿子冈比西斯率领在他治下的各个民族——其中包括属于希腊民族的伊奥尼亚人和爱奥里斯人——的军队进攻埃及的时候，埃及的国王正是上面所提到的那个阿玛西斯。（卷三，1）

这样一来，他就把读者引回到"冈比西斯的历史"上来了。

（3）埃及的故事，包括：从向导嘴里听到后记下来的半传说性质的埃及史；埃及地理的记述；国家制度的记述；埃及风尚的记述，其中特别详细的是埃及宗教和祭仪的记述，因为这些习惯和希腊的习惯有重大不同，它们使希腊旅行者感到极为惊讶。在"冈比西斯的历史"里有一大段岔笔（卷三，39 - 60），这段岔笔谈的是萨摩斯的历史；而在这段岔笔中，又加进了关于珀吕克拉特斯的戒指的故事（卷三，40 - 43；结束于卷三，120 - 125）和关于佩里安德罗斯的故事（卷三，50 - 53）。"大流士的历史"的开头部分，叙述的是关于僭越者司美尔迪斯及其覆灭的故事（卷三，61 - 87）；后面接着是一大段岔笔，讲的是遥远的东方和北方各族人民的事情（卷三，97 - 117）。

（4）在第四卷，开头几节谈的是大流士出征西徐亚人的事情，然后就此便开始了很长一段西徐亚的故事，这个故事开头时并未间断（卷四，1 - 82），后来中间又轮流插进西徐亚出征的一些事件（卷四，85 - 145）。

关于西徐亚的故事,值得我们说得稍微详细些。除去纯民俗学的材料以外,这部分还有关于西徐亚及其邻人的许多极为有意思的报道。在叙述西徐亚人到达西徐亚的传说时,希罗多德概括了这个国家的地理,并且记述了西徐亚人的生活和风尚,还报道了不仅仅对人种学和宗教史,而且对希腊的经济史都很有意义的事实。例如,我们知道西徐亚的农民种粮食是为了出售,不是为了自己食用。然后,他又记述了西徐亚的气候。这当然会引起读者极大的兴趣,因为西徐亚的气候和希腊的迥然不同。希罗多德谈到黑海北部沿岸地区时,就和我们谈到两极附近地区时一样,他指出,在希腊,如果你把水泼到地上,地上就变成泥泞,而如果你点起火来,土地就变干了;可是,在西徐亚却恰恰相反,如果你泼水,就会变干(因为它冻上了),而如果你点火,倒会变成泥泞(因为冰雪融化了)。希罗多德关于西徐亚的故事,正如我们在下面看到的,有许多都得到了证实;另外一些故事(例如关于极北居民的,关于阿玛宗人[Amazon]的)则是从希腊神话抄来,没有任何历史价值,顶多只是证明西徐亚神话和希罗多德著作中叙述的相应希腊神话有某种相似而已。对于西徐亚的风俗习惯,很大程度也是从 περάδοξα[难以置信的、离奇的]的角度记述的,这就是说,首先记述那些会使希腊人感到惊讶和奇怪的东西。

在西徐亚的故事以后,希罗多德(卷四,145)便回过头来叙述大流士,但是说的不多;几句关于大流士出征吕底亚(译按:修本是利比亚)的话过去之后,就开始了(5)居勒涅(Cyrene)的故事(卷四,145–164)。

在这之后，只有两节讲到大流士的出征，便又加进了一段很长的（6）利比亚的故事（168－199）。直到第四卷的最后 6 节，希罗多德才重新回来叙述大流士的出征，而且在这一部分，还插进了一段忒腊克的故事（卷五，1－28）。

从本书第一部分的这个简短撮要可以看出，吕底亚和波斯的历史，就其本质来说，很大程度上成了这部分的故事骨架，其上附着着一些地理和人种志方面的故事和许多小故事。

第二部分的布局（卷五，29－卷九）和第一部分根本不同。在这部分，我们看到关于希波战争的连续记述：伊奥尼亚起义（卷五，28－卷六，32）和玛尔多纽斯的出征（卷六，48 到本卷末尾）。第七至九卷谈的是对克谢尔克谢斯的战争：其中，第七卷谈的是克谢尔克谢斯开始出征希腊，包括温泉关战役；第八卷记述阿尔忒米西翁的和萨拉米斯战役；第九卷记述普拉泰亚和米卡勒战役。在第二部分，也嵌入了别的故事和几个较大的岔笔（例如卷五，39－48 和卷六，51－84 讲斯巴达的历史；卷五，55－95 讲庇西斯特拉托斯家族和克莱斯忒涅的历史；卷六，49－50、53、85－93 讲雅典对埃吉纳的战争；卷六，121－131 讲阿尔克美奥尼戴家族的历史等等）。然而，这里的岔笔相对不太重要，绝不是这一部分的基本内容：读者的全部注意力被吸引到希腊人与波斯人之间斗争的记述上来，而且这种记述绝不能认为只是作为骨架之用。

第五卷第 28 节是希罗多德著作的转折点，这个转折点毫无疑问和他生活及世界观的转变相吻合，而他生活与世界观的转变，又和他在公元前 5 世纪 40 年代来到雅典这件事密切相关。

这一点可以从下述情况看出来，即希罗多德并没有利用自己在西方的长期逗留继续地理方面的研究。现在使他最感兴趣的不是人种志，而是历史和政治。"旅行家变成了希波战争的史家，或者更准确说，变成了讲述这些战争的人。"（雅科比，前揭书，页355）这一点还可以说明希罗多德著作第一和第二部分之间的显著区别：在第二部分，已经不再有那种由地理记述和东方传说拼织成的杂色毡子。原来只是用以黏合各种插入事件的骨架故事，现在成了主要内容：希罗多德对希波战争的历史做了完整的、尽管带有倾向性的叙述；该历史从雅典城邦的角度叙述，直到其著作的结尾部分，希罗多德都在扮演雅典代言人的角色。

希罗多德《原史》的结尾，是关于阿尔特姆巴赫斯（Altembares）和居鲁士的一段颇显突兀的故事，该故事在全书布局中并无特殊意义。希罗多德显然不能这样结束自己的著作。然而，希罗多德却已合理地结束了对希波战争的叙述：米卡勒战役以及攻克拜占庭（Byzantium）和塞斯托斯（Sestus）；大概就是从这个地方开始，修昔底德开始了自己［记叙］的五十年的历史。因此，当希罗多德的著作看起来可能由于作者的死亡而中断的时候，他也就快要结束他的著做了。①

---

① 参见 Ed. Meyer, *Forsch.*，卷一，页 189 以下；卷二，页 217 以下；布捷斯库尔，《希腊史导论》，页 62 及注释 1。希罗多德未来得及完全实现自己的诺言，即在卷七第 213 节说的，叙述叛徒厄斐阿尔特斯（Ephialtes）的历史。

希罗多德的艺术手法

我们已经说过，希罗多德著作的特色是，它有一个骨架故事，在这个骨架故事里又嵌入一段段的插话。这种布局是东方文学的特色；在东方文学里，最使人感兴趣的正是这些插话，而骨架故事首先不过是为了把这些插话黏合到一起而已。例如，埃及威斯特卡尔纸草书的故事（公元前二千纪初），公元前5世纪埃及犹太纸草书中的阿希卡尔故事（这里面的事情却发生在更古老的亚述－巴比伦尼亚时期）。阿普列乌斯（Apuleius）的《变形记》以及《天方夜谭》，则可以说是后来这种布局的范例。把寓言或是带有教育意义的例子插到正文里来，这也是东方文学的特色。

研究一下希罗多德先辈著作的残篇，我们就可以看到，在他们的著作里，这些插话也起了很大作用。但是，据我们判断，他们通常以伊奥尼亚科学的精神对著作中的这些插话加以改编，使之合理化，以便使它们成为主要历史故事的有机组成部分；叙述和布局往往很单调。希罗多德先辈的这些故事对历史科学的产生起了很大作用，但它们却并不有趣和吸引人，因而很快便被人遗忘；希罗多德之所以成功，乃是由于他和他们完全不同（他们写的是枯燥和精确的科学著作），他的著作虽然从纯科学的观点来看是倒退，却科学内容和以东方故事为题材的纯艺术表述兼而有之。

就是比起上述东方故事来，希罗多德也还是处于十分有利的地位。从威斯特卡尔纸草书到《天方夜谭》，这些故事里的骨架故事，正像我们前面所讲，只是一种起粘合作用的"混凝土"，个别的故事在本质上相互间毫不相干，它们只是一种特殊形式的故事集。但是，在希罗多德的著作中，配置材料的巧妙手法则表现在，他善于敏锐地寻找可以把这些岔笔最好地安插进来的地方，并且知道怎样做才不致破坏整体的艺术效果。① 可以毫不勉强地说，在希罗多德的著作中，历史部分和插入故事的相互出现，就和希腊肃剧中的对话和合唱队相互交替一样。

正像维拉莫维茨（Wilamowitz）② 正确指出的，就是在伊奥尼亚科学发展的历史中，希罗多德的著作都是一种退步。他关于物理学以及自然地理学的概念，水平并不高。他不会高过零散观察的水平；他相信预言、奇迹等等，并且毫无保留地在自己的故事中记载了超自然的现象，用盲目的命运或诸神的嫉妒偷偷代替了内在的因果关系。他并不善于把历史上重要的事实和无关紧要的事实区别开来；在度量问题和数字问题上他无能为力。然而，希罗多德却和他的先辈不同，他获得了双重的成功：首先，他提供了可信得多的历史图像，把故事和传说从纯历史的叙述区别开来；其次，他写的不是一部枯燥无味的编年史，而是一部引人入胜的读物。

希罗多德之所以取得这样的成就，是由于他能真正天才般多

---

① Jacoby，前揭书，第350栏。

② Wilamowitz-Moelledorff, *Griechische Literatur. Die Kultur der Gegenwart*, herausgeg. v. Hinneber, 2 Aufl., Berlin, 1907, p.58.

种多样地运用体裁。希罗多德提出的原则——"我的职责是把我所听到的一切记录下来,虽然我并没有任何义务相信每一件事情"——只有对于传说故事性质的插话才完全真实,而对于作为骨架的历史故事却并不如此,因为在这个故事里,希罗多德常常从当时存在的各种不同说法中做了明智选择。但是,古人并不知道引号,而经常附加声明又会损害艺术效果。如何能让读者知晓,在一个地方我们看到的是历史报道,而在另一个地方是传说或故事呢?

希罗多德在写作传说或诸如此类的插话时,特别使用一种作为一切时代民间创作特色的特殊体裁。① 因此,对我们来说,尽管希腊的民间文学无可挽回地丧失了,我们却可以想象古代希腊人的这种口头创作在艺术上如何进行表述。

许多研究者,首先是克林格尔②和阿里(Aly),③ 根据零散的证据指出,在希腊有一种具有独特表述方法的民间故事,阿普列乌斯的故事《丘比特与普赛克》(Cupid and Psyche)的开头部分可以作为这种故事的范例:Erant in quadam civitate rex et regina[在一个国家,有一个国王和一个王后]。这些故事保存到我们今天照例只有主题,因为故事本身得到了作为希腊神话特色的或作为传说特色的专名和表述方法:在前一种情况下,故事构成了正

---

① E. Norden, *Die antike Kunstprosa*, Leipzig, 1898,页 39;И. И. 托尔斯泰,*Une survivance······chez Hérodote*, Raccolta F. Ramorino, Milano, 1927,页 378 以下。

② B. 克林格尔,《希罗多德〈原史〉中的传说主题》,基辅,1903。

③ W. Aly, *Volksmärchen, Sage und Novelle bei Herdot und seinen Zeitgenossen*, Göttingen, 1921.

式的希腊宗教的一个完整部分；在后一种情况下，故事被附会到一定的历史或半历史事件与人物上。寓言（它在赫西俄德的著作中已得到证明）、逸事和爱情故事很早便已存在，在希腊情况同样如此。东方文学对这些文学门类的发展起了巨大的影响。

所有这些体裁和科学作品体裁的主要区别是，故意放缓叙述的进度（retardation）。学者力图尽可能简短和清楚地叙述，民间讲故事人则力图把故事说得不平常和美丽来吸引听众。在科学著作里，为了把句子连接起来，我们使用各种各样的支配连接词、形动词、代名词；希罗多德在历史叙事方面也这样做。但是，在传说类型的插话中，他却使用了其他的、民间的组合方法，所谓 λέξις εἰρομένη：一些简单的小句子借助重复同样一些词（常常用 δέ 这个连接词）连接起来。例如，第一卷第 8 节：

> 但是，这个坎道勒斯**宠爱**自己的妻子，**宠爱到**这样的程度，**以至于**认为她比世界上任何女人都要美丽得多。他有一个特别宠信的侍卫，就是**达斯库洛斯**（Dascylus）的儿子居吉斯。坎道勒斯把所有最机密的事情都向这个人讲；既然他对自己妻子的美丽深信不疑，他就常常向这个居吉斯拼命赞美自己妻子的美丽……

又如，第三卷第 41 节：

> 珀吕克拉特斯念了这封信，觉得阿玛西斯的意见很对，因此便**考虑**失掉什么财富时他最痛心，**考虑到**最后他得出了

这样的结论……①

第二种放缓叙述进度的手法是三重的重复，这是一切民族的故事中常见的现象。克洛伊索斯三次向梭伦提出谁是最幸福的人的问题（卷一，30 以下），欧塔涅斯派了三个使团到自己女儿那里去（卷三，68）；哈姆普西尼托斯（Rhampsinitus）盗窃了三次（卷二，121）等等。

此外，放缓故事叙述进度和使故事生动活泼的重要手段，是广泛应用直接语气，而且直接语气常常（和在俄罗斯故事里一样）用连接词 τί [什么] 引起。

民间故事还有一个典型手法，即引出一个和主人公截然对立的人物。例如，在俄罗斯故事《灰姑娘》里，和灰姑娘相对立的是她凶恶的姊妹，善良的女儿和凶恶的继母等等。希罗多德把眼光短浅的克洛伊索斯和智慧的梭伦相对立，把凶恶的佩里安德罗斯和他善良的儿子相对立，把年老多疑的阿斯杜阿该斯（Astyages）和年轻的居鲁士相对立等等。希罗多德还喜欢交替叙述欢乐的场面和阴暗残酷的事件。例如，在关于哈姆普西尼托斯的故事里，交替叙述恐怖的被迫杀死兄弟的事件和灌醉卫兵的场面；或者，在关于大流士登位的故事中，交替叙述夜间杀戮的场面和遇到太阳的场面。

希罗多德的《原史》里有一些惨无人道的场面：冈比西斯凌辱和残杀自己的姊妹；哈姆普西尼托斯砍下兄弟的脑袋；阿美斯

---

① 在俄罗斯故事里这种手法很常见，例如："有一个老头子和一个老太婆……他们住在破旧的土窑里"；"国王就开始思考起来，他想着想着就发了一个命令"，等等。参见托尔斯泰上引著作。

特丽丝（Amestris）割掉了玛西斯特斯（Masistes）妻子的乳房、鼻子、耳朵。我们常常读到把眼睛挖出来或是烧出来、割掉舌头等等记述，而且希罗多德在叙述这些时，丝毫没有表示愤怒。霍瓦尔德①认为，这是伊奥尼亚各城邦商人阶级道德败坏的标志之一，但是，正如阿里正确指出，这种史诗的残酷，一般是有凶恶老婆子、食人妖魔等角色的民间故事的特色。

在希罗多德故事的插话中常常遇到但在历史叙述中几乎看不到的奇迹，是具有传说特色的内容。用忠于自己丈夫的妇女的尿液洗眼，盲目的国王便恢复了视力；兄弟当中一个人的面包永远比其他人的涨大一倍；河水泛滥为的是使英雄不受追击，等等。希罗多德的作品中常见的托梦和预言，同样是故事的典型特色。

国王或领袖的顾问官是纯传说的特色。传说中国王的特色是勇敢，但是缺乏深谋远虑，因此他需要顾问官。例如，忒米斯托克勒斯便有一位顾问官姆涅西披洛斯；玛尔多纽斯有提玛戈尼达斯；有时，希罗多德直接要人们晓得，顾问官在他故事的史料中曾被提到。在第一卷第191节："不知道是有人在他感到无计可施的时候向他献策，还是他自己想出了办法，他采取了下列步骤。"和在故事里一样，在希罗多德的著作里，我们常常看到两个顾问官——一个好人，一个坏人。例如，在优利比亚戴斯那里，忒米斯托克勒斯是善良的顾问官，阿德曼托斯是凶恶的顾问官；在克谢尔克谢斯那里，阿尔塔巴诺斯或德玛拉托斯是善良的顾问官，而玛尔多纽斯则是凶恶的顾问官。

---

① 上引著作，页116以下。

不言而喻，不应夸大历史插话体裁和传说插话体裁的区别。为了保持完整性，希罗多德常常不得不缩短传说和故事，使它们合理化，给它们加上用比较枯燥的"历史"体裁写成的结尾。反之，插话体裁也不能不反映在历史叙述的体裁上。这种叙述，比希罗多德先辈的叙述，更大程度上具有新鲜、直率、简明和更具艺术性等特色。在这里，希罗多德把παράδοξον［难以置信的、离奇的］提到首要地位。他喜欢把希腊的风俗习惯和外方人的进行对比，并提出如下问题："什么最大？""谁是最幸福的人？"等等。毫无疑问，这一切都是受民间文学的影响，都使希罗多德的《原史》比起他先辈的著作来，具有无可比拟的吸引力。

除了民间传说和故事以外，荷马同样对希罗多德的体裁有很大影响，这一点古人早就注意到了。① 希罗多德使用了大量荷马惯用的词句，还有纯文法上和句法上的荷马表现法——这种表现法和当时流行的希腊语毫不相干。正如诺尔登（Norden）正确指出的："后来的散文家当中，没有一个人像希罗多德那样，频繁用六步格开始和结束句子。"②

在希罗多德著作的其他地方，我们看到了不是荷马而是雅典肃剧的影响。一些人认为，③ 民间故事的题材是按照肃剧精神改编的，正如在索福克勒斯的作品中克瑞翁过迟地赦免安提戈涅，在希罗多

---

① Dion. Halicarn. Ad Cn. Pomp., 3, p. 771;［Longin.］περὶ ὕψους 12 (ὁμηρικώτατος)。有观点认为，希罗多德在体裁和语言的艺术性方面之所以特别接近荷马，是因为受到他的堂兄弟、诗人帕努亚西斯的影响。

② Norden, *Die antike Kunstprosa*, Berlin, 1898, p. 45.

③ Aly, 上引著作, 页 279 以下; H. Fohl, *Tragische Kunst bei H*, Rostock, 1913。

德的作品中，克洛伊索斯之赦免阿德拉斯托斯、佩里安德罗斯之赦免自己的儿子、冈比西斯之赦免普撒美尼托斯（Psammenitus）的儿子都太晚了：故事的结尾是血腥的悲剧事件。人们在希罗多德的著作中，看到许多阿提卡肃剧特色的词和表现手法，常常还保存了抑扬格的韵律。在希罗多德的语言中，看到了在西西里获得高度发展的修辞学的影响。这种修辞学的特色有：把句子分成长短大约相等的部分，在相对应的地方使用相同意义或发音的词和分词，使用人工对偶法等。

然而，从上面的分析不能得出这样的结论，即希罗多德故事的特色是把多种多样的体裁随意混合到一起。如同调色板上各种各样的颜色一样，希罗多德在自己的著作中调动所有这些体裁，把它们运用到一幅具有令人惊异的艺术感情和节拍的图画上：在传说类型的插话里，他用民间故事的体裁；在精神高度昂扬的地方，他用荷马的体裁；在悲壮的、动人心弦的地方，他用阿提卡肃剧的体裁；在各种意见相互冲突并需要逻辑证据的地方，他用智术师派修辞学的那些特殊手法。纵使从后来文学规范的观点来看这种体裁的混合并不怎么高明，但在我们看来，体裁方面这种独创的多样性（ποικιλότης），和公元前 5 世纪初雕刻艺术的斑驳、多彩的颜色同样美丽。

无独有偶，米申柯（谈到希罗多德时）已经注意到希腊雕刻艺术和希腊历史著作发展中的平行法。[①] 他指出，在公元前 5 世

---

① 参见米申柯，前揭书，卷一，"引言"，页 XCIV – CI。由于笔者不是古典艺术史方面的专家，因而不打算判断这种平行发展的程度。无论如何，初看上去，这种观点非常有说服力。

纪末以前，神像呈现为古老的呆板姿态，这是公元前 6 世纪约定俗成的制作风格。后来，一开始是把和祭仪毫不相干的物品和动物雕像，制作成新的、大胆的自由风格；稍后，青年雕像——随后又是体育家雕像，也开始用这种新风格来表现。只有从菲狄亚斯（Pheidias）时起，这种新风格才运用到英雄和神的雕像上。就是在雕像里，也可以看到各种风格的混合：对头发和眼睛的处理采用的是非常古老的风格；对头和颜面的处理风格稍有变化；腿和胴体则表现为新的、自由的风格。

在继续以盲目相信奇迹和迷信般虔诚的古老格调转述神话和古老的传说时，希罗多德对离他不远的时代的事件表现了极大的兴趣。在这方面，他表现出批判的态度、求知心和力求准确的精神。我们还要补充说，我们在他的著作中还可以看到体裁的同样驳杂的混合（这种混合正是过渡时代的特色）。

无论公元前 5 世纪的雕刻，还是希罗多德，都没有让我们感到索然无味。可以相信，这种体裁给伯利克勒斯时代的雅典人留下了同样的印象。希罗多德落后于他当时的科学，这很少引起他们的同情。但是，经过文学加工的伊奥尼亚故事（这些故事具有一种独特的民间体裁），在当时的雅典毫无疑问是新鲜事物；因此，希罗多德发表的内容曾受到热烈欢迎——不应当忘记，他的《原史》是希腊散文中的第一部巨著。

希罗多德用来写作的语言，根本上说并不是科学与文学的一种不自然的语言：从公元前 5 世纪哈利卡尔那索斯的铭文（其中之一正是上面谈到的僭主吕戈达米斯统治时代的）可以看出，在这个多里斯城邦，早在希罗多德的时代，人们便讲和希罗多德写作的语言相近的一种伊奥尼亚方言。在希罗多德的语言中，存在一定数量纯荷马式的词和表现法，如果我们注意到荷马是那时学校的主要科目的话，这一点便完全可以理解了。从另一方面来说，希罗多德致力于写作，并不是为了随便一个伊奥尼亚城邦的读者，而是为了全希腊。因此，他自然应当尽量避免语言中的哈利卡尔那索斯特色，而是依照伊奥尼亚自然哲人的办法，利用荷马来培养全小亚细亚的伊奥尼亚 κοινή [共同性]。

当然，不应当认为希罗多德所用的方言，就是今天以手稿形式保存下来的那样，因为在手稿里，我们在简约的和非简约的形式（例如 ἐμέο 和 ἐμεῦ [我]）之外，可以看到各种类型的融合（θῶμα 和 θῶῦμα [令人吃惊的东西] 等），还有不可能存在于希罗多德的语言中的阿提卡形式和极端伊奥尼亚形式。所有这些驳杂的情况，是由于对传统的破坏引起的，如果把保存到我们今天的各种希罗多德《原史》的纸草抄本，和其他作家引用的希罗多德著作原文对勘，可以消除许多这样的歪曲。

希罗多德用这一切办法，使他的著作和后来卢克莱修（Lucretius）的著作一样，把严肃的科学内容跟具有高度艺术性的表述方法结合起来：他的《原史》也正是用散文写成的史诗。米申柯说：①

> 在这里，我们远在史诗诗人做到这一点之前，第一次遇到用叙述技巧对重要事件和名胜古迹进行散文化叙述的宏伟企图；从这里又可以看到在叙述引人入胜的论题时谋求灵活

---

① 米申柯，前揭书，卷一，页 I–XXXV。

和戏剧效果的倾向，这种倾向表现在使用大量直接引语方面，更准确说，表现在使用大量对话方面。这些对话，就内容而论，常常是最亲密的，而且又是在使对话通过充满想象力的诗的表现形式下说出来的；这类对话大多数深深浸透着史家本人的情绪，他把这种情绪带到他所描写的人物和事件上。在这一方面，希罗多德的对话……和当时古典肃剧家的合唱队相似。

希罗多德健谈到何等程度，修昔底德对语言的简洁和吝啬便到何等程度。希罗多德越接近诗，修昔底德便越接近科学。希罗多德的著作中，吸引我们的是其题材的无所不包、广泛和宏伟，及其天真、纯朴和几乎是讲述史诗的人的真诚。①

这是古典和现代学术界的一致意见，甚至希罗多德的死敌们都不得不承认他的体裁值得赞美。例如，普鲁塔克在他的著作《论希罗多德的阴险》中一开头便这样说：

希罗多德的风格纯朴、轻快和活泼，它迷惑了不少人……具有强大的说服力量……特别是当作者的语言有这么多令人愉快的东西和力量，以至于竟然会掩盖了他的一切……缺点的时候。

---

① 布捷斯库尔，前揭书，页88。

史家希罗多德

上面我们已经看到,在希罗多德以前,人们在史学方面的成就屈指可数。大的城邦编年记(首先是米利都、雅典和斯巴达的),直到希罗多德时代才着手编写,而且部分在他死后才编写完成。希罗多德本人顶多也只是在某个地方利用枯燥乏味的事实记录。在他那个时代,甚至全希腊赛会上获胜者的名单和名祖的名单都还没有文献记载。

可资谈论的希罗多德先辈人物中的唯一大学者,就是我们上面提到的米利都的赫卡泰厄斯。希罗多德常常在书中和赫卡泰厄斯进行论辩,然而只有两次直接提到他的名字,更常见的情况是使用不肯定的说法,例如:"伊奥尼亚人说",或"某些希腊人为了夸耀自己的智慧,因此说"等。然而,有一处,被驳斥的观点恰恰和赫卡泰厄斯的一个残篇相符合。在希罗多德的著作里,和赫卡泰厄斯论辩的地方达十处之多。

实际上,许多古典作家确认,希罗多德是逐字逐句照抄赫卡泰厄斯。例如,在赫尔摩戈涅斯(Hermogenes)的著作中以及《苏达辞书》中,我们可以看到这样的话:"希罗多德对之多有借鉴的米利都人赫卡泰厄斯。"① 珀尔斐里俄斯（Porphyrius）说得更加肯定：

> 希罗多德在第二卷里，许多地方逐字逐句抄自米利都人赫卡泰厄斯的 Περιήγησις，自己增加的极少，例如：关于菲尼克斯鸟（卷二，73）、关于河马（卷二，71）以及关于捕捉鳄鱼（卷二，70）等，都是这样抄来的。②

此外，偶然保存下来的赫卡泰厄斯著作的残篇，有两处和希罗多德著作中相应之处一字不差。因此，可以假定，希罗多德抄袭赫卡泰厄斯的地方，远较我们想象的多；历史的批判越来越多地揭示出抄袭自赫卡泰厄斯著作之处。要知道，在古代，不存在抄袭的概念，抄袭前人作品的作家是在以此表示对被抄袭者的尊敬。例如，亚里士多德有许多地方是逐字逐句抄袭的希罗多德，然而没有一个地方指出他的名字。

这种情况导致许多现代研究者倾向于把希罗多德看成仅仅是一个抄袭者，甚至多多少少还糟蹋了赫卡泰厄斯的著作。研究两个作家之间的相同之处，乍一看会产生这样的印象，即希罗多德

---

① Hermog., Περὶ ἰδεῶν Ⅱ, 12, 6 (Ⅲ, 339w): Ἑκαταῖος δὲ ὁ Μιλήσιος παρ' οὗ δὴ μάλιστα ὠφέληται ὁ Ἡρόδοτος …; Suid., s. v. Ἑκαταῖος. Ἡρόδοτος ὁ Ἁλικαρνασσεὺς ὠφέληται τούτου, νεώτερος ὤν.

② Porph. Euseb. Praep. Ev. Ⅹ, 3, p. 466 B (= p. 324, Jacoby). Ἡρόδοτος ἐν τῇ β' πολλὰ Ἑκαταίου τοῦ Μιλησίου κατὰ λέξιν μετήνεγκεν ἐκ τῆς Περιηγήσεως βραχέα παραποιήσας, τὰ τοῦ φοίνικος ὀρνέου, καὶ περὶ τοῦ ποταμίου ἵππου καὶ τῆς θήρας τῶν κροκοδείλων.

削弱了赫卡泰厄斯的原则立场，他对于赫卡泰厄斯的批判不仅肤浅，而且没有说服力。

例如，从第二卷第 15 节我们知道，"伊奥尼亚人"（即赫卡泰厄斯）认为尼罗河是亚细亚和利比亚（非洲）的边界，而整个埃及以三角洲为界。希罗多德使用了一个纯属诡辩的方法来嘲笑这个理论：由于亚细亚只伸展到尼罗河，而利比亚只是从尼罗河才开始的，因此，根据赫卡泰厄斯的意见，位于尼罗河支流之间的埃及，既不在欧罗巴，也不在亚细亚，而是世界上的一个特殊部分。

希罗多德在三个地方（卷二，20；卷三，115；卷四，8）嘲笑（在我看来……是可笑的——$\gamma\varepsilon\lambda\tilde{\omega}\ \dot{o}\rho\dot{\varepsilon}\omega\nu$）赫卡泰厄斯从荷马借用来的说法，即大地仿佛用圆规画成的正圆形，大地的四面八方有俄刻阿诺斯河环绕奔流（卷四，36；卷二，21）。当然，他说并没有这样的河流，这一点他是对的。然而，在肯定自己观点时，他指出，锡岛和把琥珀从西方输入希腊的埃利达诺斯河都不存在，此外，又讽刺地附加说："尽管我努力钻研，我仍然没能遇到一位看到过欧罗巴的另一面有海存在的人。"（卷三，115）在这方面，毫无疑问，正确的是赫卡泰厄斯，而不是希罗多德：有锡输出的锡岛，这当然是不列颠岛；埃利达诺斯河，可能是被改变成希腊词的"罗丹"，即"罗纳"，实际上是有琥珀从这条河运到希腊来。不过，埃利达诺斯河这个名字具有希腊语的外形，这一情况恰恰和希罗多德的意见相反，并不证明没有这样的河存在。最后，在欧罗巴以西有俄刻阿诺斯河存在，这件事在希罗多德的时代腓尼基人知道得很清楚。

在第四卷第 36 节，希罗多德反对赫卡泰厄斯的这样一个说法，即仿佛亚细亚和欧罗巴一样大。在希罗多德看来，这个说法极其荒谬，因为欧罗巴比亚细亚和利比亚（非洲）加到一起都还要大很多倍。这种坚决的肯定态度只会让我们觉得好笑。第六卷第 137 节曾谈到在史前时代佩拉斯基人被从阿提卡驱逐的事情。根据赫卡泰厄斯的说法，是雅典人把他们赶出去的，因为他们想占有佩拉斯基人手中的肥沃土地。希罗多德站在雅典的立场上，举出了另一种理由：当雅典的少女们经过佩拉斯基人居住的地方汲取泉水时，佩拉斯基人蛮横无礼地侮辱了她们，并且还想攻取雅典。不过，这种批判并没有表现出巨大的历史感。

希罗多德的崇拜者在证明他独创性时走得太远了。问题在于，公元前 3 世纪，亚历山大里亚的图书馆员曾争论过亚历山大里亚图书馆收藏的赫卡泰厄斯著作的真假。尽管我们不知道认为这部书是伪作的卡里玛柯斯的论据是否可信，不知道是否正是从这部书援引的保存到今天的引文，亚历山大里亚的学者们却肯定说，保存到今天的引文出自伪造的赫卡泰厄斯的著作，而引文和希罗多德的作品相似的原因，则是伪赫卡泰厄斯抄袭了希罗多德的作品。但是，正像我们刚刚看到的，说希罗多德借助于赫卡泰厄斯，主要是由于来自赫卡泰厄斯的引文，以及希罗多德本人在自己的著作中和赫卡泰厄斯的论辩。

而且问题不仅仅在这些引文。毫无疑问，希罗多德从赫卡泰厄斯那里借用了后者包罗万象的世界图像和人种志方面的岔笔叙述。希罗多德从赫卡泰厄斯那里甚至借用了对在各民族间流行的故事的批判原则本身（见前 113、114 页）。正像阿里所指出的，在其著作的地理部分，希罗多德甚至模仿了赫卡泰厄斯的文体。可能，在例如第二、三和四卷的部分章节，希罗多德高度模仿了赫卡泰厄斯。

但是，包括各种各样东方传说的史诗般的第一卷，和第五至九卷中关于希波战争的动人心弦的紧张叙述，则毫无疑问与赫卡泰厄斯的著作毫不相同：如果我们在赫卡泰厄斯的著作中发现了一些民间创作的主题，则他之所以报道它们，并不是由于在艺术上欣赏这些主题，而只是因为他要在这些主题中寻找哪怕不大的历史核心。

不论希罗多德从赫卡泰厄斯的著作中抄袭了多少内容，明显的是，这些内容都不涉及希罗多德著作的本质。

从赫卡泰厄斯的残篇判断，他的 $Περίοδος$ 一方面是纯地理学的报道，另一方面是由希腊神话学的史前史构成。他谈到了希腊各个城邦的建立者和名祖，谈到了城邦和殖民地的产生。对于他所使用的神话学材料，他都给以唯理主义的加工——这都是一些枯燥无味的历史报道，而非吸引人的故事。

这些因素，在希罗多德的著作中只具有次要意义。使他感兴趣的是与他同时代的各民族的历史、风俗习惯和风尚，而其著作的意义也正是在于这一点。可是，在这些方面，赫卡泰厄斯或是什么也没有做，或是做得很少。因此，希罗多德过去和现在都仍然是世界文献中首屈一指的史家。

假定赫卡泰厄斯的主要原则比希罗多德的更具批判性，更接近我们今天的历史观点。赫卡泰厄斯认为自己的义务是，只写他认为真实的东西，"因为希腊人叙述了许多听了会令人发笑的历史"。假定希罗多德在回答他时宣称，他认为，他在自己整部著作中的义务，就是把人们告诉他的一切传述出来，甚至即使他自己都不相信这些话（卷七，152）。为了说明这个原则，他在第三卷第9节指出："……这是在传说当中最为可信的一个说法，但是我必须还要说一下另一个不甚可信的说法，因为人们也提过它。"实际上，在赫卡泰厄斯的著作里，其原则不外是，把纯粹的神话故事加以肤浅的合理化；而在希罗多德的著作里，其原则则是，为历史保存许多在他个人看来不可信的报道。然而，正是这些不可信的报道，从我们的观点来看，其中却含有珍贵的和可信的材料。希罗多德的主要任务并不是对先辈搜集的东西加以批判，而是细心收集和传述新的东西。对他来说，不能否认这是一个重要且完全和一个史家相称的任务。

除了上述内容，还应当补充说，除非显然是具有非历史内容的故事，希罗多德几乎从来不满足于单单报道不同的说法，而是总会照例指出，这些说法中的某一个说法，由于怎样的理由，在他看来可以相信（如果他不这样做，而是引用了关于阿尔戈斯和波斯人关系的不同说法，那么在这里，他一定有其政治上的理由）。

希罗多德违反了自己的原则，他并不总是引用各种不同的说法，而只是在他并不完全相信其中的某一个说法正确的时候才这样做。例如，在第一卷第95节我们读到：

> 在这里，我所依据的是这样一些波斯人的叙述，这些人并不想渲染居鲁士的功业，而是要老老实实地叙述事实，虽

然我知道，关于居鲁士的事情，此外还有三种说法。

在第一卷第 214 节，我们也读到：

> 关于居鲁士之死的传说的确有很多，但我只叙述了上面的一种，因为我认为这个说法最可信。

在引用他不相信的说法时，他常常立刻就宣布，这个说法引起他的怀疑（卷四，195）："我不知道这是不是实有其事，我只是把人们传说的写下来而已"；或是说他认为这个说法完全不可信，例如，在第一卷第 75 节有这样的话：

> 也有人说，原来河道的水完全给疏干了，但我的看法却不是这样。如果是那样的话，我不晓得他们回来时又是怎样渡过的。

第八卷第 8 节：

> 后来，他（译按：指斯库里亚斯［Scyllias］）终于用什么办法逃到希腊人那里去，我说不确实了。如果一般的说法真实的话，那却真使人吃惊。原来，据说他在阿佩泰（Aphetae）潜到海里去，直到他来到阿尔忒米西翁才游出水面，这样算来，他就在水面下潜泳八十斯塔迪昂了。关于这个人的传说很多，其中有些真实，有些却未必可信。至于这件事，

这里我要说说我自己的意见，我认为他是乘船到阿尔忒米西翁的。

第二卷第 123 节：

这些埃及的故事是为了给那些相信这样故事的人讲的，至于我个人，则在这整部史书里，我的规则是不管人们告诉我什么，我都把它记录下来。

在另一些情况下，希罗多德对故事采取断然拒斥的态度，宣布他不相信某故事。① 例如，在第四卷第 105 节：

……西徐亚人和住在西徐亚的希腊人都说，每年每一个涅乌里斯人（Neuri）都要变一次狼，过几天之后再恢复原来的形状。至于我本人，我不能相信这个说法。虽然如此，他们依旧这样主张，并且发誓说这样的事情是真的。

他认为下面一些故事同样不可信，例如：关于长着山羊腿的人的故事（卷四，25）；关于国王把女儿安置在妓馆卖淫的故事（卷二，121）；关于西徐亚人的祖先是宙斯和波律斯忒涅斯（Borysthenes）河神之女的儿子的故事（卷四，5）；关于菲尼克斯鸟的故事（卷二，73）。在第二卷第 45 节，他写道："希腊人谈过许

---

① 参见卷二，73、121；卷四，5、25、105 等节。

多没有适当根据的话。"①

只有当希罗多德没有任何根据足以使他相信哪一种说法的时候,他才把不同说法都列举出来,并且不对它们加以批判性的评估。例如,在第五卷第44-45节,他写道:

> 这便是他们的说法。这两个城邦都提供证据,证明他们所说的话真实。

在第三卷第122节,他写道:

> 这便是人们用来解释珀吕克拉特斯死亡的两个原因,随你相信哪一个好了。

又如,第三卷第9节:

> 这是在传说当中最为可信的一个说法,但是我必须还要说一下另一个不甚可信的说法,因为人们也提过它。

第三卷第56节:"外面还传说着一个荒唐无稽的故事。"

有时,希罗多德对那些流行的故事加以尖锐的批判和嘲笑。例如,在第二卷第131节,他写道:

---

① 比较米申柯,前揭书,卷一,页CXVII。

> 有人还说过关于牛和木象的事，说米克里诺斯（Mycerinus）怎样爱上了自己的女儿并把她强行奸污了，结果她悲痛自缢……女孩的母亲把引诱女儿跟她父亲通奸的那些侍女的手都砍掉，因而据说现在她们的雕像就和她们活着时的命运一样。但我认为这乃是一种无稽之谈，特别是关于人像的手的事。据我们自己来看，人像是因为年深日久手才脱落的。甚至在我去的时候，我还看见这些手放置在这些人像前面的地上。

在同卷的第134节，希罗多德反对某些希腊人的下述意见，即仿佛米克里诺斯时代的一座金字塔是罗朵皮丝（Rhodopis）修建的，因为罗朵皮丝是女诗人萨福时代的人，离那时已经很多年了。在第三卷第2节，希罗多德认为埃及人的冈比西斯是埃及女人所生的说法，带有埃及民族主义的倾向性，因为这个说法违反波斯法律和历史事实。在第三卷第16节关于阿玛西斯之死的说法，他也认为是一种带有倾向性的出于爱国心的空谈。在第三卷第45节，希罗多德指出下述报道与史实完全不符，即仿佛萨摩斯的移民集团竟会战胜拥有大量雇佣兵和弓手的珀吕克拉特斯。

对于流行的关于克谢尔克谢斯回国的说法，希罗多德的批判很有意思（卷八，118–119）。根据这个说法，克谢尔克谢斯乘船回国时遇到了暴风雨，眼看满满一船人有灭顶之灾。掌舵的腓尼基人说，唯一得救的办法是把部分人投到大海里去。克谢尔克谢斯要波斯人在这时表示对国王的爱戴，于是，许多波斯显贵被投到海里去了。船到港湾后，克谢尔克谢斯下令赏舵手一个金冠，因为他救了国王的性命，但又由于他使许多波斯人丧命，又下令把他斩首。希罗多德认为这个说法不可信。根据他的意见，任何人都懂得，国王在这种情况下不会这样行动：国王只会让波斯显贵掌舵，把摇橹的腓尼基人投到海里，不会是相反。根据希罗多德的意见，实际上，这一切根本不可能发生，因为国王不是由海路而是由陆路回国的。

因此，我们看到，希罗多德完全不认为自己有义务永远把他所知道的一切说法全都报道出来。他掌握有大量材料，每当他掌握了一个可信的说法，他便把所有其他说法放弃了。

当然，这并不是说，他的选择和批判永远都无可非议。例如，下面这段话就可以说明，希罗多德如何严肃认真、毫不怀疑地叙述一段荒诞不经的故事，甚至引用波斯国王宫廷里的东西作证明：

> ……因为，这些地方是一片沙漠。在这片沙漠里，有一种蚂蚁，比狗小比狐狸大。波斯国王饲养过一些这样的蚂蚁，它们就是在这里捕获的。这些蚂蚁在地下营穴，它们和希腊的蚂蚁一样地把沙子掘出来……而在它们从穴中挖出来的砂子里满含着黄金。印度人到沙漠去，正是为了取得这种沙子。他们各自驾着三头骆驼……当印度人带着袋子来到这个地方的时候，他们用沙子装满这些袋子，以最快的速度把骆驼赶回。因为，根据波斯人的说法，蚂蚁立刻就会嗅出他们的行踪并追赶而来。它们的速度看来世界上任何动物都赶不上，因此，如果印度人不赶紧回来，一旦蚂蚁集合起来，他们谁也逃不掉。（卷三，102－105）

这个故事是商人们胡诌出来的，为的是吓唬他们的竞争者，希罗多德却信以为真了。

然而，问题不仅仅在于希罗多德由于轻信和迷信，往往相信那些绝对不可信的故事，相反地，他还拒斥那些毫无疑问正确的报道（例如这样一种说法，即腓尼基人在绕过非洲之后，太阳在他们的另一面）。他的著作的主要缺点在于，他和修昔底德相反，他不能在极其遥远的古代传说材料和离他的时代不远的历史事实之间看到明显的区别。在谈到极其遥远的古代的时候，他使用和谈当时的故事时同样的手法：他把不同的说法并列出来，选择其中从常识判断最合乎情理的那种说法。"这便是大多数人如何漫不经心地歪曲真理——他们首先注意到现成的东西。"修昔底德这样说明希罗多德的方法。

此外，还必须加上一点，即希罗多德比赫卡泰厄斯的眼界狭窄得多：赫卡泰厄斯对希腊的西方世界知道得很清楚，希罗多德虽然自己晚年在图里俄伊度过，却很少提供意大利和西西里历史上的事实，至于更西方的那些地区的历史，他几乎没有报道任何东西。

我们已经说过，希罗多德的批判方法不尽如人意，[①] 尽管在许多情况下，他头脑敏锐和机智。因此，希罗多德著作的意义，很大程度上由其史料的质量决定。我们已经看到，希罗多德原则上把所有他听到或在先辈著作中看到的东西都放入自己的著作，

[①] 希罗多德放到他书中人物嘴里的言语，很大程度上是他自己捏造出来的。修昔底德也是这样，然而，他专门为此做了预先声明。参见布捷斯库尔，前揭书，页74。

如果这些资料在他看来值得注意的话,因此,我们只有对他的每一个报道重新加以历史批判,他的报道才有历史意义。结果,我们深信,在纯粹历史和人种志的部分(这部分与插入的故事不同),希罗多德在估价史料的时候,总体上表现出优良的历史感。不言而喻,他不是严格客观地写作:他是一定阶级的代表人物,他拥护一定的社会与政治集团,即伯利克勒斯领导的雅典民主派;在评估他的报道时,必须时时刻刻留意这种倾向。如果说,赫卡泰厄斯一辈的学者以一般的哲学前提为出发点看待自然界和人类社会的话,希罗多德的做法却与此相反,他首先是一个经验论者,他只是观察,并在可能的地方概括他的观察。当然,这一点决定了他的眼界有一定的狭窄性,但同时却保证比较客观,对于我们时代的历史研究,是比较珍贵的对待事实的态度。而且在这方面,希罗多德不愧是他那个时代的代表人物之一,因为对唯理主义的伊奥尼亚科学的这种经验主义反应,是公元前5世纪后半叶的特色,而最有特色的表现之一就是智术师运动。

不应当低估这样的事实,即希罗多德是第一位全面的史家,他没有把自己限制在某一个国家或民族的范围之内。他的先辈写的是地方编年史;米利都的赫卡泰厄斯尽管知识广博,却仍是一个神话作家和地理学家,而非史家。因此,正是希罗多德后来被称为"史学之父"。①

希罗多德在雅典获得了极大的成功;除去后来的传说,早在下面所引的修昔底德的著作里,便已经暗示了他那引人入胜的叙

---

① Pater historiae. Cic. *De legibus*,Ⅰ,1,5.

述能力。在修昔底德的著作里，我们第一次遇到对希罗多德及其成功的讥讽态度。毫无疑问，当他痛苦地警告人们，不要相信那些"在讲述故事的时候所关心的与其说是真理，毋宁说是吸引听众的散文家"的时候，他指的就是希罗多德。接着，他又说："他们叙述的历史往往缺乏证据，而且由于年深日久，结果大部分变成了不可信的和传说的东西。"他还说："我的叙述和荒唐的寓言完全不同，它听起来不怎么吸引人……我的著作，与其说要迎合时人的兴趣，毋宁说想成为永世的瑰宝。"①

可是，不应该过分强调修昔底德对前辈的高傲态度：修昔底德认为必须把五十年史（尽管赫拉尼科斯已经写了）加到自己的著作里来，为的是使他的著作能够接续上希罗多德的著作。这样一个事实显示出，他实际多么重视自己的这位前辈。

修昔底德虽高傲但某种程度上又不无道理的评论，对之后一个时期人们对希罗多德的态度发生了巨大影响，然而，具有决定性意义的是，希罗多德对雅典和民主制度的同情态度。在伯罗奔半岛战争爆发后的"反动"时期，也就是当斯巴达成为希腊的领袖、民主思想受到破坏的时候，必须以斯巴达精神改造传统，这就要求对希罗多德的著作进行严格批判。同样，饱受希罗多德攻击的波伊俄提阿在公元前371年崛起，此时在同情波伊俄提阿的国家——首先在科林多——引起了人们对他的憎恨。著名的《忒拜编年史》的作者阿里斯托芬，公元前4世纪便开始在波伊俄提阿反对他。这些作品虽然没有保存下来，但是我们却在波伊俄提

---

① 修昔底德，《战争志》，卷一，21-22。

阿人普鲁塔克的著作《论希罗多德的阴险》中，找到了它们的余响。波斯国王阿尔托克谢尔克谢斯二世的御医克铁西乌斯是雅典的敌人，他极端亲斯巴达；不用说，他对希罗多德进行了激烈攻击，① 称他为"说谎者"（ψεύστης）和"饶舌者"（λογοποιός）。可是古人早就指出，克铁西乌斯的《波斯史》满是奇谈逸话和荒唐无稽的捏造，② 根本不能和希罗多德的著作相比。随着贝希斯吞摩崖的发现，我们看到，例如，希罗多德著作中参加杀死伪司美尔迪斯的阴谋者名单与历史事实正相符合，但克铁西乌斯的名单却从头至尾都是捏造。克铁西乌斯关于老居鲁士即位的故事，也是荒唐无稽的捏造。和克铁西乌斯相似，亲斯巴达的史家忒奥彭波斯（Theopompus）也抱着敌视希罗多德的立场。尽管忒奥彭波斯完全掌握了希罗多德著作的结构（许多插笔的叙述），甚至为希罗多德的历史做了《提要》，他仍然因为希罗多德同情雅典而对之口诛笔伐，称之为"吹牛者和骗子"③（不过，他针对的是希罗多德对马拉松战役的评估；在这一点上，毫无疑问，忒奥彭波斯比希罗多德更接近真理）。相反，亲雅典的埃波洛斯却把希罗多德的作品作为自己记述希波战争的基础，只是加入了一些唯理主义的内容。他还做了专门声明，为的是不被人们视为希罗多德的攻击者：

---

① Photius, Bibl,, 72, p. 35: ψεύστην αὐτὸν ἀπελέγχων ἐν πολλοῖς καὶ λογοποιὸν ἀποκαλῶν ....

② Plut. Artax., 1: Κτησίας ... μύθων ἀπιθάνων καὶ παραφόρων ἐμβέβληκεν εἰς τὰ βιβλία παντοδαπὴν πυλαίαν ... c 13: λαμπρὸν ... ψεῦσμα.

③ Theon. Progmnasm. 2 (= Theopomp., fr. 148 Grenfell-Hunt).

我们详细地谈到这一点，与其说是想非难希罗多德，①毋宁说是要指出，通常人们总是喜欢关于超自然事物的故事，甚于喜欢真理。

亚里士多德继承了敌视希罗多德的传统，把他称为"神话编写者"（μυϑολόγος）；然而，这并未妨碍亚里士多德完全是非分明地在历史和自然科学著作中征引希罗多德的著作。② 重复亚里士多德话的有他的注释者忒米斯提俄斯（Themistius）、赫尔摩戈涅斯、格里乌斯和尤瑟波斯（Josephus）；尤瑟波斯倾向性地把异教的科学和犹太的科学对立起来，因此他说："所有人都会发现希罗多德在说谎（ψευδόμενον ἐπιδεικνύσιν ... Ἡρόδοτον πάντες）。"③

和希多多德进行激烈论辩的最后一个文献，是普鲁塔克的《论希罗多德的阴险》，他写该著作时用的主要史料，其中便有公元前4世纪和前3世纪波伊俄提阿史家们的著作。

正是由于该著作引用了公元前4世纪和前3世纪时离希罗多德不远的大量史料，故而具有极大的历史价值，使我感到奇怪的是，人们通常在一般历史文献当中很少提到它。然而，普鲁塔克本人对希罗多德及其著作的态度，给我们留下的印象空虚且贫乏：

---

① Diod. X, 24, 1: οὐχ οὕτως Ἡροδότου κατηγορῆσαι βουληϑέντες.
② Arist. Poet., c. 9; De Gen. anim., Ⅲ, 5, p. 756; Hist. Anim., Ⅲ, 22 p. 523 and passim.
③ See Themist. or. 33, p. 367; Hermog. De ideis, p. 314; Gell. Noct. Att. III. 10; Joseph. c. Apion. I, 3.

> 崇高而浪漫的语句和对于政治史任务的完全不理解，只会令我们感到遗憾，如果这部著作没有保留这么多从更古老的论辩借用的珍贵材料的话……普鲁塔克 in majorem patriae golriam［为了祖国的更大的光荣］，故意鼓吹对事实的极度（stärkste）歪曲……但是，从另一方面来说，在普鲁塔克的作品中，也有许多反映公元前5世纪希腊各城邦之间相互倾轧和竞争的材料。①

法国学术界的评估大概也是这样。例如，欧维特（Hauvette）写道：

> 这一著作的倾向和思想——在希腊人反抗波斯人的伟大斗争的历史中——都很出色。崇高的伟大功勋是伟大祖先的遗产。所有会玷污这伟大时代光辉画图的东西，必须认为不真实，必须从根本上消灭掉……谁也不能怀疑这些伟大的城邦和这些伟大的人物有弱点……尽管如此，普鲁塔克的著作中仍有些论断和事实有很大的价值，并且值得引起人们的注意，不管它们出现在普鲁塔克著作中的原因是什么……不应当因为普鲁塔克的精确批评意见消失在许多极不公正的责难

---

① Jacoby，上引著作，第241栏；比较 Schoell, Philologus, X, 415、418；Wecklein, *Ueber die Tradition der Perserkriege*, München, 1876（特别是，页32以下，页39，页60以下）；Ed. Meyer, *Forschungen*, II, 页190以下。

当中，便低估了这些意见的意义。①

在我编选的普鲁塔克《名人对比列传选》的引言中，我根据大量材料指出，不难"理解和宽恕"普鲁塔克对历史事实的歪曲。在普鲁塔克生活的那个时代，希腊已经失掉了任何经济的和政治的重要性，人们带着一种宽容的蔑视态度，看待丧失了政治独立的希腊人。刚刚才脱离奴隶状态的、粗暴且没有文化的外方人，常常比最高贵的希腊人还要阔许多倍，并且炙手可热，尊荣无限；特别是，罗马人成了希腊人的主人；罗马人也是外方人，他们的力量咄咄逼人。普鲁塔克及其读者以追思希腊人的伟大过去聊以自慰，这是很自然的事情。他陶醉于这种过去：这是伟大、团结和雄强的希腊，用自己团结一致的努力，教训和打击了卑劣的外方人。对于真正的历史事实——常常是相当丑恶的历史事实——的任何歪曲，在普鲁塔克类型的人们看来，都是不折不扣的亵渎行为：他们无时无刻不意识到罗马的靴子踏在希腊人的头上，而当古代希腊的罗马崇拜者不得不要自己本国人相信，不管 graeculi［希腊人］如何可怜，都要记得他们的过去，不可瞧不起他们的时候，他们就有了哪怕片刻逃避一下悲惨现实的希望。他们希望感觉到，自己是过去存在过的一切民族中最伟大、最勇敢和最有才能的民族的代表。②

---

① Am. Hauvette, *Hérodote historiern des guerres Médiques*, Paris, 1894, 页 98、99、109。Ph. - E. Legrand, *De la "Malignité" d'Hérodote*。比较 G. de Sanctis 在 "Rivista di Filologia"（1937 年）上发表的对波棱茨著作的评论。

② 普鲁塔克，《对比列传选》，卢里叶主编并撰写引言，莫斯科 - 列宁格勒，1941，页 5 - 14。

这一点便说明，为什么普鲁塔克的英雄列传，作为激动人们心弦的事件来说，使我们感动，甚至震动；但是作为历史著作来说，却不应当引起我们很大的赞赏。使我们感到奇怪的只是，我们的教科书在叙述公元前 5 世纪的历史时，基本上满足于重述普鲁塔克的说法，而不去细心研究希罗多德，并且完全忽略欧洲学术界近几十年来的成就。

普鲁塔克是希腊最后的伟大爱国者之一。在他的时代，已经很少有谁注意公元前 5 世纪雅典政治斗争的命运，而希罗多德那种通俗易懂的、详尽的文体，比起修昔底德简练和晦涩的文体来，更能够满足帝国公众的口味。用哈利卡尔那索斯的狄俄尼修斯的话来说，只有极少数人能够了解修昔底德的著作。作为那一时代的特征，对城市生活的厌倦，以及对自然和素朴事物的向往，促使人们比较喜欢希罗多德。

哈利卡尔那索斯的狄俄尼修斯①这样描写希罗多德：

> 希罗多德把历史提到更高和更值得尊重的阶段：他决定写关于不是一个国家，不是一个民族的事情，他在自己的叙述中，把许许多多、各种各样的故事，欧罗巴的和亚细亚的，都结合到一起。

那时，他已经把希罗多德放在修昔底德之上了。从公元 2 世纪起，模仿希罗多德的文体和语言成了一种风尚。

---

① Dionsy Halicarn., *de Thucydide*, p. 820.

对我国出版的作品,还必须讲几句,谈谈希罗多德对于苏联南方领土历史的意义。罗斯托夫采夫①过去曾经指出,在这些地方当中,只有顿河以西的那一部分西徐亚才引起希罗多德的注意。黑海东岸的希腊殖民地他完全不管,而在欧洲西徐亚境外的地区和部落,他只是顺便提及罢了。可是在西徐亚的风尚和宗教方面,他却是主要的报道者。在这个问题上,他的著作是唯一的文献史料,只有根据他的报道,我们才有可能整理和解释考古资料。诚然,欧尔比亚和黑海沿岸其他殖民地的希腊人和讲希腊语的西徐亚人,常常把错误的、甚至干脆是神话的报道告诉希罗多德;多半还有些什么是希罗多德从全希腊的文学传统中汲取来的。这一点可能可以说明,例如,他关于西徐亚国王涂膏的报道没有得到证实,就好像只有黄金制品才和国王一同埋葬这个说法,也没有得到证实一样;实际上,人们在坟墓中,还找到青铜和白银。这同样可以说明,为什么在希罗多德的叙述中没有西徐亚人风尚的一幅完整图画,而只收集了零散的报道。不过,希罗多德报道的其他许多资料,却光辉地为发掘所证实;这一点,照例使我们不得不对他的一些一时还没有得到证实,或根本不能为古物所证实的报道,采取相信的态度;同样地,希罗多德和文献古物之间的不一致,大部分是由于文献古物是从其他地方来的,或属于较后的时期。希罗多德提供了特别多的资料,使我们可以恢复西徐亚人的宗教。在这种情况之下,他关于西徐亚最高女神和三位一体

---

① 罗斯托夫采夫,《斯奇提亚和博斯普鲁斯》,彼得格勒,1935,页16-23。

的最高神的资料,也为考古资料所证实和补充。

有时,希罗多德的报道乍一看好像不值得相信,但是却得到出其不意的证实。例如,希罗多德谈到有一种秃头的人,他们住在高山的山脚下,吃一种叫作"阿斯奇"的独特食物,这是一种用过滤的稠李果的汁液,加上牛奶制成的果糕。直到今天,住在乌拉尔山麓的巴什基里亚人还是剃头,而且以同样的食物为食,他们称这种食物为"阿克奇";毫无疑问,他们的祖先也一定是这样做的。

希罗多德的著作是世界文艺作品中最诱人的作品之一,书中包括很多极为有趣的地理学、人种学和历史上的事实。然而,无论如何不能把这部著作称为今天我们所理解的历史著作。只要回想一下希罗多德如何"解释"希波战争的最初原因便够了:希腊人从外方人那里劫走了一个女人,外方人从希腊人那里劫走了一个女人,希腊人又从外方人那里劫走了一个女人——原因就都在这里了!这毋宁说是两个家族之间争吵的历史,而不是当时为止世界规模的冲突中最伟大的一次冲突的历史。阿里斯托芬在《阿卡奈人》里已经认为必须拿它开个玩笑了。可是,要断定希罗多德力图确定谁是"侵略者",那不免可笑:他只是确定谁是第一个寻衅的人罢了。这是具有希腊人特征的人类中心说:那就是把世界意义的事件,归之于一室规模的、人们日常生活中的事件。全部后来古典史学的性质也是如此,修昔底德也不是例外。正像康弗德①正确指出的,

---

① F. M. Cornford, *Thucydides Mythistoricus*, P. 66.

古典史学和近代史学之间的巨大对比在于：近代的学者们本能地不断寻求社会条件、经济和地志因素、政治力量和进化过程的影响（而且他们试图使所有这些因素，受一些具有最大共通性和抽象性的规律的约束），可是使古代人感兴趣的只有个别人物和许多拟人化的国家感情、动机和性格。除去超自然力的干预之外，根据他的意见，这一点（而且只有这一点）形成了人类历史的进程。对于人在宇宙中的地位，这一对比表现了各种观点之间的根本区别，而正是在这里，我们看到了古人观点的中心特点……他们暗中和不自觉地假定，只有直接的动机和个别人或拟人化的国家的体验，才是在历史著作中能够被注意到的原因……登场人物的目的是最初的原因（亚里士多德也这样想），而这个目的又取决于他的性格。

但是，甚至如果考虑到古典历史科学的这一局限性，若有人把希罗多德的引人入胜的著作和修昔底德的天才创作加以对比，他将不得不承认，作为有学问的史家，希罗多德毫无疑问不如自己的伟大继承者修昔底德。然而，我们不应当忘记，修昔底德是自觉地把自己的题目限制在战争史方面，因此，许多使我们特别感兴趣的问题他都没有谈。因此，尽管希罗多德在其著作中所用的方法有这样那样的缺点，今天的历史学家仍可以从中找到比在修昔底德著作中多得多的使他感兴趣的材料，更不用说希罗多德带给人们的艺术上的满足。

参考文献

A. КНИГИ И СТАТЬИ О ГЕРОДОТЕ

I. До 1925 года

а) Р у с с к и е к н и г и и с т а т ь и

Бузескул В. П. Введение в историю Греции, стр. 57—82. Птг., 1915.
Гомперц Т. Греческие мыслители, пер. Е. Герцык, т, I, СПб. 1911, стр. 225—236.
Клингер В. Сказочные мотивы в истории Геродота. Киев, 1903.
Мищенко Ф. Г. Статьи „Геродот и его место в древнеэллинской образованности" и „Не в меру строгий суд над Геродотом" в книге: „Геродот. История в девяти книгах", М., 1888.
Редкин П. Геродот и его повествование. „Новая библиотека для воспитания". СПб., 1847 (устарела).

б) И н о с т р а н н ы е к н и г и и с т а т ь и

Aly W. Volksmärchen, Sage und Novelle bei Herodot und seinen Zeitgenossen. Gött., 1921.
Bauer A. Herodots Biographie, Wien, 1878.
Bauer A. Die Entstehung des herodotischen Geschichtswerkes. Wien, 1878.
Bury J. B. The Greek Historians. London, 1909.
Bury J. B. Ancient Greek Historians, lect. II: Herodotus. London, 1919.
Cornford F. M. Thucydides Mythistoricus. London, 1907.
Dahlmann F. C. Herodot. Aus seinem Buche sein Leben. Altona, 1824.
Diels H. Herodot und Hekataios. *Hermes*, XXII, 1887, стр. 411 слл. *Rheinisches Museum*, XXXI, стр. 48 слл.
Dietrich R. Testimonia de Herodoti vita praeter itinera. Leipzig, 1899.
Glover T. R. Herodotus. Cambridge, 1924.
Grundy G. B. The Greet Persian War. 1901.

Hachez. De Herodoti itineribus et scriptis. Gött., 1878.
Hauvette Am. Hérodote historien des guerres médiques. Paris, 1894.
Heyse C. W. L. De Herodoti vita et itineribus. Berlin, 1826.
Hildebrandt F. R. De itineribus Herodoti Europaeis et Africanis. Lipsiae, 1883.
Howald E. Ionische Geschichtsschreibung. *Hermes*, 58, 1923, стр. 116 слл.
Jacoby F. Fragmente der griechischen Historiker, B. I, Berlin, 1923.
Jacoby F. Hekataios, ст. у Pauly-Wissowa-Kroll, Realencyclopädie, T. VII, стб. 2666 слл., 1912.
Jacoby F. Herodotes, ст. у Pauly-Wissowa-Kroll, Realencyclopädie, Suppl.-Band II, 205 слл., 1913.
Kirchhoff A. Über die Entstehungszeit des herodotischen Geschichtswerkes, 2-te Aufl. Berlin, 1878.
Kleber P. Die Rhetorik bei Herodot. 1889.
Kleber P. De genere dicendi Herodoteo. 1890.
Lenschau Th. *Berliner philol. Wochenschrift*, 1912, стр. 562 слл.
Meyer Ed. Forschungen zur alten Geschichte, Halle, 1899, T. I, 189 слл., II, 196—269.
Myres J. L. Herodotus and Anthropology в сборнике „Anthropology and the Classics", т. I, Oxford, 189 слл., немец. пер. Heidelb., 1910, стр. 147 слл.
Norden E. Die antike Kunstprosa, Leipzig, 1898.
Oeri A. De Herodoti fonte Delphico. Basel, 1899.
Panofsky H. De historiae Herodoteae fontibus. Berlin, 1834.
Sayce A. The ancient Empires of the East. Herodotus. I—III. London, 1883.
Schoell A. Herodots Lebenszeit, Entwicklung, Vorlesungen. *Philologus* IX—X, 1854—1855.
Sourdille C. La durée et l'étendue du voyage d'Hérodote en Égypte. Paris, 1910.
Wecklein N. Über die Tradition der Perserkriege. München, 1876.
Wells J. Studies in Herodotus. Oxf., 1923.
Wilamowitz-Moellendorff U. v. Griechische Literatur. Kultur der Gegenwart, herausgeg. von Hinneberg, 2-te Aufl. Berlin, 1907, стр. 58.
Wilamowitz-Moellendorff U. v. Aristoteles und Athen, T. I, Berlin, 1893.

II. С 1925 года

а) Русские книги и статьи

Жебелев С. А. Геродот и скифские божества. *Известия Таврического Общества Истории, Археологии и Этнографии*, I, 1927, стр. 1—6.
Лурье С. Я. Статьи „Плутарх и его время" и „Две истории пятого века" и комментарии к отдельным биографиям в книге: Плутарх. Избранные биографии. М.—Л., 1941.
Лурье С. Я. История Греции. Т. I. Л., 1941.
Ростовцев М. И. Скифия и Боспор. Л., 1925, стр. 16—23.

b) Иностранные книги и статьи

Diels H. Fragmente der Vorsokratiker I—III, 1933—1937.
Ehrenberg V. Ost und West. Prag, 1935.
Heubeck A. Die Nationalbewusstsein des Herodot. Diss. Erlangen, 1936.
How W. and Wells J. A commentary on Herodotos, Oxf. 1928, I, статьи: „Herodotus in Egypt." „The History of Egypt in Relation to Herodotus", „Herodotus on Egypt", стр. 411, 414, 453.
Jacoby F. Charon von Lampsakos. *Studi Italiani di Filologia Classica.* Firenze, 1939.
Kleinknecht, Herodot und Athen. *Hermes*, 75, 1940, стр. 341.
Legrand Ph. E. De la „Malignité" d'Hérodote. *Mélanges Glotz*, T. II, Paris, 1932, стр. 535 слл.
Pohlenz M. Herodot der erste Geschichtsschreiber des Abendlandes. L., Teubner, 1937.
Powell J. E. The History of Herodotus. *Cambridge Classical Studies*, IV, 1939.
Regenbogen O. Herodot und sein Werk. *Antike* 6, 1930, 202—248.
Rosanelli F. Le relazioni fra Erodoto e Tucidide. *Atene e Roma*, 11, 1930, p. 115—41, 151—70.
De Sanctis G. Рецензия на книгу Pohlenz, „Herodot". *Rivista di Filologia* XV (LXV). 1937.
Spiegelberg W. Die Glaubwürdigkeit von Herodots Bericht über Aegypten, 1926.
Tolstoi J. Une survivance du langage des contes populaires chez Hérodote. Raccolta di scritti in onore di F. Ramorino. Milano, 1927 стр. 378 и слл.
Wells J. Herodotus and Athens. *Classical Philology*, XXXIII. Chicago, 1928, 329 слл.
Wüst K. Politisches Denken bei Herodot. Diss. Würzburg, 1935.

В. ИЗДАНИЯ ГЕРОДОТА

а) Критические издания текста

Stein H. Herodoti Historiae. 2 тома. Berlin, Weidmann, 1869.
Hude C. Herodoti Historiae. Oxford, Bibliotheca Oxoniensis, 1908.

б) Издания текста с комментариями; комментарий без текста

Baehr J. C. G. Herodoti Musae. Ed. 2. 4 тома (с комментарием на латинском языке). 1856—1861.
Sayce A. H. Herodotus. Books I—III, 1883.
Wiedemann A. Herodots zweites Buch mit sachlichen Erläuterungen Leipzig, 1890.
Macan R. W. The IV, V & VI Books of Herodotus, with Introduction, Notes etc. 2 тома. 1895.

14 С. Лурье

Macan R. W. The VII, VIII & IX Books of Herodotus, with Introduction, Notes etc. 3 тома. 1908.
Stein H. Herodotus, 2 тома. 7 verb. Auflage, Berlin, 1901—1908.
How W. W. and Wells J. A Commentary on Herodotus. 2 тома. 2-е изд. Oxford, 1928.

в) Переводы с комментариями

Rawlinson G. Herodotus. 4 тома. With Introduction, Copious Notes, appendices, etc. Ed. 3. 1875.
Мищенко Ф. Г. Геродот. История в девяти книгах. Перевод с греческого с предисловием и указателем. 2-е изд., М., 1888.

图书在版编目(CIP)数据

论希罗多德/(苏)罗门·雅科夫列维奇·卢里叶著;王以铸译.--北京:华夏出版社,2019.6
(西方传统:经典与解释)
ISBN 978-7-5080-9654-4

Ⅰ.①论… Ⅱ.①罗… ②王… Ⅲ.①希罗多德(约前484-前425)—人物研究 Ⅳ.①K835.455.81

中国版本图书馆CIP数据核字(2019)第007465号

论希罗多德

作　　者	[苏]罗门·雅科夫列维奇·卢里叶
责任编辑	马涛红
责任印制	刘　洋
出版发行	华夏出版社
经　　销	新华书店
印　　刷	三河市少明印务有限公司
装　　订	三河市少明印务有限公司
版　　次	2019年6月北京第1版 2019年6月北京第1次印刷
开　　本	880×1230　1/32
印　　张	7
字　　数	125千字
定　　价	49.00元

华夏出版社　地址:北京市东直门外香河园北里4号　邮编:100028
网址:http://www.hxph.com.cn　电话:(010)64663331(转)
若发现本版图书有印装质量问题,请与我社营销中心联系调换。

西方传统：经典与解释
Classici et Commentarii
HERMES
刘小枫◎主编

古今丛编

克尔凯郭尔　[美]江思图 著
货币哲学　[德]西美尔 著
孟德斯鸠的自由主义哲学　[美]潘戈 著
莫尔及其乌托邦　[德]考茨基 著
试论古今革命　[法]夏多布里昂 著
但丁：皈依的诗学　[美]弗里切罗 著
在西方的目光下　[英]康拉德 著
大学与博雅教育　董成龙 编
探究哲学与信仰　[美]郝岚 著
民主的本性　[法]马南 著
梅尔维尔的政治哲学　李小均 编/译
席勒美学的哲学背景　[美]维塞尔 著
果戈里与鬼　[俄]梅列日科夫斯基 著
自传性反思　[美]沃格林 著
黑格尔与普世秩序　[美]希克斯 等著
新的方式与制度　[美]曼斯菲尔德 著
科耶夫的新拉丁帝国　[法]科耶夫 等著
《利维坦》附录　[英]霍布斯 著
或此或彼（上、下）　[丹麦]基尔克果 著
海德格尔式的现代神学　刘小枫 选编
双重束缚　[法]基拉尔 著
古今之争中的核心问题　[德]迈尔 著
论永恒的智慧　[德]苏索 著
宗教经验种种　[美]詹姆斯 著
尼采反卢梭　[美]凯斯·安塞尔-皮尔逊 著
舍勒思想评述　[美]弗林斯 著
诗与哲学之争　[美]罗森 著
神圣与世俗　[罗]伊利亚德 著
但丁的圣约书　[美]霍金斯 著

古典学丛编

论王政　[古罗马]金嘴狄翁 著
论希罗多德　[古罗马]卢里叶 著
探究希腊人的灵魂　[美]戴维斯 著
尤利安文选　马勇 编/译
论月面　[古罗马]普鲁塔克 著
雅典谐剧与逻各斯　[美]奥里根 著
菜园哲人伊壁鸠鲁　罗晓颖 选编
《劳作与时日》笺释　吴雅凌 撰
希腊古风时期的真理大师　[法]德蒂安 著
古罗马的教育　[英]葛怀恩 著
古典学与现代性　刘小枫 编
表演文化与雅典民主政制
[英]戈尔德希尔、奥斯本 编
西方古典文献学发凡　刘小枫 编
古典语文学常谈　[德]克拉夫特 著
古希腊文学常谈　[英]多佛 等著
撒路斯特与政治史学　刘小枫 编
希罗多德的王霸之辨　吴小锋 编/译
第二代智术师　[英]安德森 著
英雄诗系笺释　[古希腊]荷马 著
统治的热望　[美]福特 著
论埃及神学与哲学　[古希腊]普鲁塔克 著
凯撒的剑与笔　李世祥 编/译
伊壁鸠鲁主义的政治哲学
[意]詹姆斯·尼古拉斯 著
修昔底德笔下的人性　[美]欧文 著
修昔底德笔下的演说　[美]斯塔特 著
古希腊政治理论　[美]格雷纳 著
神谱笺释　吴雅凌 撰
赫西俄德：神话之艺
[法]居代·德·拉孔波 等著
赫拉克勒斯之盾笺释　罗逍然 译笺
《埃涅阿斯纪》章义　王承教 选编
维吉尔的帝国　[美]阿德勒 著
塔西佗的政治史学　曾维术 编

古希腊诗歌丛编
古希腊早期诉歌诗人 [英]鲍勒 著
诗歌与城邦 [美]费拉格、纳吉 主编
阿尔戈英雄纪（上、下）
[古希腊]阿波罗尼俄斯 著
俄耳甫斯教祷歌 吴雅凌 编译
俄耳甫斯教辑语 吴雅凌 编译

古希腊肃剧注疏集
希腊肃剧与政治哲学 [美]阿伦斯多夫 著

古希腊礼法
希腊人的正义观 [英]哈夫洛克 著

廊下派集
廊下派的神和宇宙 [墨]里卡多·萨勒斯 编
廊下派的城邦观 [英]斯科菲尔德 著

希伯莱圣经历代注疏
希腊化世界中的犹太人 [英]威廉逊 著
第一亚当和第二亚当 [德]朋霍费尔 著

新约历代经解
属灵的寓意 [古罗马]俄里根 著

基督教与古典传统
保罗与马克安 [德]文森 著
加尔文与现代政治的基础 [美]汉考克 著
无执之道 [德]文森 著
恐惧与战栗 [丹麦]基尔克果 著
托尔斯泰与陀思妥耶夫斯基
[俄]梅列日科夫斯基 著
论宗教大法官的传说 [俄]罗赞诺夫 著
海德格尔与有限性思想（重订版）
刘小枫 选编
上帝国的信息 [德]拉加茨 著
基督教理论与现代 [德]特洛尔奇 著
亚历山大的克雷芒 [意]塞尔瓦托·利拉 著
中世纪的心灵之旅 [意]圣·波纳文图拉 著

德意志古典传统丛编
彭忒西勒亚 [德]克莱斯特 著
穆佐书简 [奥]里尔克 著

纪念苏格拉底——哈曼文选 刘新利 选编
夜颂中的革命和宗教 [德]诺瓦利斯 著
大革命与诗话小说 [德]诺瓦利斯 著
黑格尔的观念论 [美]皮平 著
浪漫派风格——施勒格尔批评文集 [德]施勒格尔 著

美国宪政与古典传统
美国1787年宪法讲疏 [美]阿纳斯塔普罗 著

世界史与古典传统
西方古代的天下观 刘小枫 编
从普遍历史到历史主义 刘小枫 编

启蒙研究丛编
浪漫的律令 [美]拜泽尔 著
现实与理性 [法]科维纲 著
论古人的智慧 [英]培根 著
托兰德与激进启蒙 刘小枫 编
图书馆里的古今之战 [英]斯威夫特 著

荷马注疏集
不为人知的奥德修斯 [美]诺特维克 著
模仿荷马 [美]丹尼斯·麦克唐纳 著

品达注疏集
幽暗的诱惑 [美]汉密尔顿 著

欧里庇得斯集
自由与僭越 罗峰 编译

阿里斯托芬集
《阿卡奈人》笺释 [古希腊]阿里斯托芬 著

色诺芬注疏集
居鲁士的教育 [古希腊]色诺芬 著
色诺芬的《会饮》 [古希腊]色诺芬 著

柏拉图注疏集
柏拉图的灵魂学 [加]罗宾逊 著
柏拉图书简 彭磊 译注
克力同章句 程志敏 郑兴凤 撰
哲学的奥德赛——《王制》引论 [美]郝兰 著
爱欲与启蒙的迷醉 [美]贝尔格 著
为哲学的写作技艺一辩 [美]伯格 著

柏拉图式的迷宫——《斐多》义疏 [美]伯格 著
哲学如何成为苏格拉底式的 [美]朗佩特 著
苏格拉底与希毕阿斯 王江涛 编译
理想国 [古希腊]柏拉图 著
谁来教育老师 刘小枫 编
立法者的神学 林志猛 编
柏拉图对话中的神 [法]薇依 著
厄庇诺米斯 [古希腊]柏拉图 著
智慧与幸福 程志敏 选编
论柏拉图对话 [德]施莱尔马赫 著
柏拉图《美诺》疏证 [美]克莱因 著
政治哲学的悖论 [美]郝岚 著
神话诗人柏拉图 张文涛 选编
阿尔喀比亚德 [古希腊]柏拉图 著
叙拉古的雅典异乡人 彭磊 选编
阿威罗伊论《王制》 [阿拉伯]阿威罗伊 著
《王制》要义 刘小枫 选编
柏拉图的《会饮》 [古希腊]柏拉图 等著
苏格拉底的申辩（修订版） [古希腊]柏拉图 著
苏格拉底与政治共同体 [美]尼柯尔斯 著
政制与美德——柏拉图《法义》疏解 [美]潘戈 著
《法义》导读 [法]卡斯代尔·布舒奇 著
论真理的本质 [德]海德格尔 著
哲人的无知 [德]费勃 著
米诺斯 [古希腊]柏拉图 著

亚里士多德注疏集

亚里士多德《政治学》中的教诲 [美]潘戈 著
品格的技艺 [美]加佛 著
亚里士多德哲学的基本概念 [德]海德格尔 著
《政治学》疏证 [意]托马斯·阿奎那 著
尼各马可伦理学义疏 [美]伯格 著
哲学之诗 [美]戴维斯 著
对亚里士多德的现象学解释 [德]海德格尔 著
城邦与自然——亚里士多德与现代性 刘小枫 编
论诗术中篇义疏 [阿拉伯]阿威罗伊 著
哲学的政治 [美]戴维斯 著

普鲁塔克集

普鲁塔克的《对比列传》 [英]达夫 著
普鲁塔克的实践伦理学 [比利时]胡芙 著

阿尔法拉比集

政治制度与政治箴言 阿尔法拉比 著

马基雅维利集

君主及其战争技艺 娄林 选编

莎士比亚绎读

莎士比亚的历史剧 [英]蒂利亚德 著
莎士比亚戏剧与政治哲学 彭磊 选编
莎士比亚的政治盛典 [美]阿鲁里斯/苏利文 编
丹麦王子与马基雅维利 罗峰 选编

洛克集

上帝、洛克与平等 [美]沃尔德伦 著

卢梭集

论哲学生活的幸福 [德]迈尔 著
致博蒙书 [法]卢梭 著
政治制度论 [法]卢梭 著
哲学的自传 [美]戴维斯 著
文学与道德杂篇 [法]卢梭 著
设计论证 [美]吉尔丁 著
卢梭的自然状态 [美]普拉特纳 等著
卢梭的榜样人生 [美]凯利 著

莱辛注疏集

汉堡剧评 [德]莱辛 著
关于悲剧的通信 [德]莱辛 著
《智者纳坦》（研究版） [德]莱辛 等著
启蒙运动的内在问题 [美]维塞尔 著
莱辛剧作七种 [德]莱辛 著
历史与启示——莱辛神学文选 [德]莱辛 著
论人类的教育 [德]莱辛 著

尼采注疏集

尼采引论 [德]施特格迈尔 著
尼采与基督教 刘小枫 编
尼采眼中的苏格拉底 [美]丹豪瑟 著

尼采的使命 [美]朗佩特 著
尼采与现时代 [美]朗佩特 著
动物与超人之间的绳索 [德]A.彼珀 著

施特劳斯集
论僭政（重订本） [美]施特劳斯 [法]科耶夫 著
苏格拉底问题与现代性（增订本）
犹太哲人与启蒙（增订本）
霍布斯的宗教批判
斯宾诺莎的宗教批判
门德尔松与莱辛
哲学与律法——论迈蒙尼德及其先驱
迫害与写作艺术
柏拉图式政治哲学研究
论柏拉图的《会饮》
柏拉图《法义》的论辩与情节
什么是政治哲学
古典政治理性主义的重生（重订本）
回归古典政治哲学——施特劳斯通信集
苏格拉底与阿里斯托芬

＊＊＊

施特劳斯的持久重要性 [美]朗佩特 著
论源初遗忘 [美]维克利 著
政治哲学与启示宗教的挑战 [德]迈尔 著
阅读施特劳斯 [美]斯密什 著
施特劳斯与流亡政治学 [美]谢帕德 著
隐匿的对话 [德]迈尔 著
驯服欲望 [法]科耶夫 等著

施米特集
宪法专政 [美]罗斯托 著
施米特对自由主义的批判 [美]约翰·麦考米克 著

伯纳德特集
古典诗学之路（第二版） [美]伯格 编
弓与琴（重订本） [美]伯纳德特 著
神圣的罪业 [美]伯纳德特 著

布鲁姆集
巨人与侏儒（1960-1990）
人应该如何生活——柏拉图《王制》释义
爱的设计——卢梭与浪漫派
爱的戏剧——莎士比亚与自然
爱的阶梯——柏拉图的《会饮》
伊索克拉底的政治哲学

沃格林集
自传体反思录 [美]沃格林 著

大学素质教育读本
古典诗文绎读 西学卷·古代编（上、下）
古典诗文绎读 西学卷·现代编（上、下）

中国传统：经典与解释
Classici et Commentarii
家亚萬邽
刘小枫 陈少明◎主编

《孔丛子》训读及研究 /雷欣翰 撰
论语说义 /[清]宋翔凤 撰
周易古经注解考辨 /李炳海 著
浮山文集 /[明]方以智 著
药地炮庄 /[明]方以智 著
药地炮庄笺释·总论篇 /[明]方以智 著
青原志略 /[明]方以智 编
冬灰录 /[明]方以智 著
冬炼三时传旧火 /邢益海 编
《毛诗》郑王比义发微 /史应勇 著
宋人经筵诗讲义四种 /[宋]张纲 等撰
道德真经藏室纂微篇 /[宋]陈景元 撰
道德真经四子古道集解 /[金]寇才质 撰
皇清经解提要 /[清]沈豫 撰
经学通论 /[清]皮锡瑞 著
松阳讲义 /[清]陆陇其 著
起凤书院答问 /[清]姚永朴 撰
周礼疑义辨证 /陈衍 撰

《铎书》校注 / 孙尚扬 肖清和 等校注
韩愈志 / 钱基博 著
论语辑释 / 陈大齐 著
《庄子·天下篇》注疏四种 / 张丰乾 编
荀子的辩说 / 陈文洁 著
古学经子 / 王锦民 著
经学以自治 / 刘少虎 著
从公羊学论《春秋》的性质 / 阮芝生 撰

编修［博雅读本］
  凯若斯：古希腊语文读本［全二册］
  古希腊语文学述要
  雅努斯：古典拉丁语文读本
  古典拉丁语文学述要
  危微精一：政治法学原理九讲
  琴瑟友之：钢琴与古典乐色十讲

译著
  普罗塔戈拉（详注本）
  柏拉图四书

刘小枫集

民主与政治德性
昭告幽微
以美为鉴
古典学与古今之争［增订本］
这一代人的怕和爱［第三版］
沉重的肉身［珍藏版］
圣灵降临的叙事［增订本］
罪与欠
儒教与民族国家
拣尽寒枝
施特劳斯的路标
重启古典诗学
设计共和
现代人及其敌人
海德格尔与中国
共和与经纶
现代性与现代中国
现代性社会理论绪论
诗化哲学［重订本］
拯救与逍遥［修订本］
走向十字架上的真
西学断章

经典与解释辑刊

1 柏拉图的哲学戏剧
2 经典与解释的张力
3 康德与启蒙
4 荷尔德林的新神话
5 古典传统与自由教育
6 卢梭的苏格拉底主义
7 赫尔墨斯的计谋
8 苏格拉底问题
9 美德可教吗
10 马基雅维利的喜剧
11 回想托克维尔
12 阅读的德性
13 色诺芬的品味
14 政治哲学中的摩西
15 诗学解诂
16 柏拉图的真伪
17 修昔底德的春秋笔法
18 血气与政治
19 索福克勒斯与雅典启蒙
20 犹太教中的柏拉图门徒
21 莎士比亚笔下的王者
22 政治哲学中的莎士比亚
23 政治生活的限度与满足
24 雅典民主的谐剧
25 维柯与古今之争
26 霍布斯的修辞
27 埃斯库罗斯的神义论
28 施莱尔马赫的柏拉图
29 奥林匹亚的荣耀
30 笛卡尔的精灵
31 柏拉图与天人政治
32 海德格尔的政治时刻
33 荷马笔下的伦理
34 格劳秀斯与国际正义
35 西塞罗的苏格拉底
36 基尔克果的苏格拉底
37 《理想国》的内与外
38 诗艺与政治
39 律法与政治哲学
40 古今之间的但丁
41 拉伯雷与赫尔墨斯秘学
42 柏拉图与古典乐教
43 孟德斯鸠论政制衰败
44 博丹论主权
45 道伯与比较古典学
46 伊索寓言中的伦理
47 斯威夫特与启蒙
48 赫西俄德的世界
49 洛克的自然法辩难
50 斯宾格勒与西方的没落
51 地缘政治学的历史片段
52 施米特论战争与政治
53 普鲁塔克与罗马政治